JN410076

악동스님은
천사래요

악동스님은 천사래요

길잃은 아이들아, 모두 이리 와라. 아저씨가 지켜줄게!

히로나카 구니미츠 지음
도다 이쿠코 옮김

土香

Contents

제 2 장 이럴 때는 어떻게 해?

Chapter 02

아프면 내게로 와! 방황하는 청소년의 보금자리 – 사이쿄인

밤늦은 시간 번화가를 다니면 거리를 방황하는 아이들의 모습을 흔히 볼 수 있다. 그들의 거친 말투와 날카로운 시선이 무심코 길을 가는 어른들을 위협하기도 한다. 술, 담배, 약물까지 복용하며 몸도 정신도 망가져 가는 아이들 앞을 지나가면서 어른들은 마치 아무것도 보지 않은 것처럼 빠른 걸음을 재촉한다. 그러면서 모든 이들은 마음속에서 같은 생각을 할 것이다. "우리 아이가 아니라서 정말 다행이다", "저 아이들의 부모 마음은 어떨까?"

그런데 모두가 눈을 감고 고개를 돌리고 싶어 하는 이 현실 앞에 당당히 맞선 스님이 있다. 바로 히로나카 구니미츠廣中邦充 스님이다.

일본 정토종淨土宗 사이쿄인西居院 제21대 주지인 히로나카 스님은 지금까지 18년간 부모한테 학대를 받거나 폭력문제를 일으키거나 거식증, 폭식증, 자살 시도, 왕따, 은둔형 외톨이, 약물중독 등 각종 문제로 고통받는 청소년을 보살펴 왔던 스님이다. 그동안 무려 900명에 달하는 아이들이 이곳 사이쿄인을 '졸업' 했고, 지금도 2,000명을 넘는 입소 희망자가 대기 중이다.

히로나카 스님은 1996년부터 소위 말하는 '문제아' 들을 이 절로 불러들여 함께 생활하기 시작했다. 사이쿄인은 그리 큰 절이 아니고 생활공간에도 제한이 있어 한 번에 최대 20명의 아이들만을 수용할 수 있다. 지금의 멤버들 중에는 벌써 몇 년 전부터 상주하는 장기 체류자도 있고, 주말만 찾아오는 아이, 저녁만 먹으러 오는 아이도 있다. 아이들은 한 방에 두 명씩 생활한다.

항상 대기자가 있으며 받는 순서는 히로나카 스님이 결정한다. 주로 학대로 인해 목숨이 위태롭거나 자살 시도 등 상황이 심각한 아이부터 먼저 받도록 한다. 그리고 상담하러 찾아올 경우는 부모와 아이가 함께 오는 것을 원칙으로 하고 있다.

놀라운 것은 히로나카 스님은 아이들의 숙박비나 식비 등 생활비를 전혀 안 받는다는 점. 돈을 내고 들어갈 수 있는 청소년 보호시설이나 학교는 여러 군데 있지만 사이쿄인은 그런 시설이 아니라 어디까지나 개인 집이라고 히로나카 스님은 말한다. 무엇보다 돈을 받게 되면 정말 도움이 필요한 아이들이 이곳에 못 올 수도 있고, 돈을 내는 아이와 안 내는 아이가 있으면 자신도 모르게 아이들을 차별하는 마음이 생길지도 모르기 때문이라고 설명한다.

다행히 절이라서 쌀 시주는 항상 떨어지지가 않아 주식은 해결된다. 그리고 히로나카 스님의 활동을 지지하는 후원자들이나 아이의 부모들이 고기나 생선, 채소 등 먹을 것을 가끔 보내오기도 한다. 나머지 생활비는 온전히 히로나카 스님의 몫이다. 아이들과의 생활을 유지해 나가려면 한 달에 50만 엔, 한화로 약 700만 원 정도가 드는데, 텔레비전 출연료나 신문, 잡지 등의 원고료, 단행본 인세, 그리고 강의료 등으로 충당한다. 히로나카 스님은 아이들과의 생활비를 벌기 위해 열심히 활동한다.

이곳에서 생활하려면 세 가지 생활규칙을 꼭 지켜야 한다. 첫째, 저녁 6시 전에는 꼭 돌아온다. 둘째, 모두 함께 저녁을 먹는다. 셋째, 자기 방에는 잘 때만 들어간다. 그 밖에 아이들 스스로 정한 '사이쿄인 헌법'이 있는데, 예를 들어 핸드폰 사용은 밤 10시까지, 놀러 나갈 때는 꼭 스님 허락을 받는다, 설거지와 욕조 청소는 당번제로 한다, 남을 배려하는 마음을 가진다 등이다.

히로나카 스님은 아이들에게 좌선이나 독경 같은 불교의식을 절대로 강요하지 않는다. 그리고 청소나 공부도 강제로 시키지 않는다. 학생이면 꼭 학교에 다니게 하는데, 등교거부로 오랫동안 고민해왔던 아이도 이곳에 오면 스스로 다시 학교를 다니겠다고 한다. 아이들은 이곳의 단체생활에서 다른 아이의 모습을 보며 용기를 얻고, 스스로 살아나가는 법을 배우는 것이다.

때로는 반달눈으로 껄껄 웃으며, 때로는 무섭게 호통을 치며 아이들을 보듬어 내는 히로나카 스님. 그는 스스로를 '오지상'이라 부르게끔 시킨다.

'오지상'을 한국어로 직역하면 '아저씨'가 되는데 일본에서는 친척 중 남자는 큰아버지든 삼촌이든 모두 '오지상'이라 부르고, 여자는 이모든 고모든 모두 '오바상'이라 부른다는 사실을 알면, 그 호칭이 일본 아이들에게는 친지 같은 정을 느낄 수 있는 호칭이라는 것을 알 수 있을 것이다.

히로나카 스님은 방황하는 아이들에게 마치 자신과 같은 '냄새'를 느낀다고 한다. 스님 스스로도 학창시절 방황했던 '경력'이 있기 때문이다. 스님은 사춘기 때 부모님께 반항해 가출한 과거, 건달처럼 동네에서 나쁜 짓을 하고 다니다 고등학교를 퇴학당할 뻔한 과거 '경력'을 쑥스러움 없이 공개한다. 그리고 자신이 바로 그랬기 때문에 누구보다 더 아이들의 뼈저린 고독과 상처받은 마음을 이해할 수 있다고 말한다.

히로나카 스님은 중학교 시절 사춘기가 오면서 부모에 대한 반항이 시작되었다. 남의 돈을 갈취하기도 하고, 피 흘리는 싸움질도 빈번했다고 고백한다. 그래서 동네사람들이 그를 '악동'이라 부르기 시작했고, '악동 스님'은 지금 히로나카 스님의 별명이 되었다. 지금 식으로 말하자면 '일진 스님' 이라고 할까?

중고생 시절, 황폐해진 히로나카 소년의 마음을 잡아준 사람이 딱 두 사람이 있었다. 한 사람은 지금 히로나카 스님의 부인인 마치코씨. 중학교 1학년 때 처음 만나 항상 곁에서 마음을 바로잡을 수 있게 도와주었던 여자친구는 커서 그의 인생의 동반자가 되었다.

또 한 사람은 고등학교 영어교사인 카미야 선생님. 교직원회의에서 퇴학처분을 당할 뻔했던 히로나카 소년을 "저에게 맡겨주십시오"라고 교장선생님 앞에서 무릎을 꿇고 빌어 '구출' 해 줬던 선생님이시다. 그 후, 한 달 동안 카미야 선생님 집에서 같이 지내면서 히로나카 소년은 다시 마음을 잡고 학교에 다닐 수 있게 되었다. 그때부터 자신을 진지하게 대해주는 어른의 존재에 대해 깊은 감사의 마음을 가지게 되었다고 한다.

"혼자 고민하지 말고, 모두 이리 와라! 아저씨가 지켜 줄게!"

일 년에 200회 이상, 일본 전국 방방곡곡을 강연하러 다니는 히로나카 스님은 강의를 들으러 온 청소년들에게 항상 이렇게 말하며 자신의 핸드폰 번호를 칠판에 크게 써놓는다. 그리고 히로나카 스님의 활동이 일본 언론에 보도될 때마다 스님은 꼭 자신의 핸드폰이나 메일, 팩스 번호를 밝힌다.

요즘 텔레비전 연예 프로에 출연하기 시작하면서 히로나카 스님 얼굴은 더 널리 알려졌다. 유명한 연예인들의 고민 상담을 하는 프로인데 히로나카 스님의 시원스러운 문제 해결법이 시청자들한테 호평을 받고 있다. 그리고 라디오에서는 매일 새벽 히로나카 스님의 설법이 방송되고 있다. 현재 한국의 법보신문에서도 ≪히로나카 스님의 청소년 상담실≫이 연재 중이다.

이미 히로나카 스님은 청소년교육 전문가로 널리 알려져 있어서 학교나 학부모 상대로 하는 강의가 많지만, 기업의 신입사원 연수나 리더십연수 등 사원교육을 맡을 경우도 많다고 한다. 그리고 마을 공동체 활성화나 시민단체 강좌 등을 맡아 '좋은 동네 만들기 운동'을 추진하기도 한다. 물론 주지스님으로서 신도들의 고민 상담이나 행사, 법회 준비 등도 소홀히 해서는 안 되는 부분이다. 히로나카 스님은 하루도 쉬는 날이 없는 듯 보인다.

히로나카 스님의 목에 걸어놓은 핸드폰은 하루에도 몇십 번씩, 때로는 깊은 밤에도 울린다.

"아저씨, 제발 나를 살려 주세요."

"저 지금 자살하려고 합니다."

구할 수 있는 목숨이 있다면 언제 어디든 찾아가서 구하겠다고 스님은 다짐하며 오늘도 동분서주한다. 그것이야말로 마구 틀어진 자신을 구해주었던 은사한테 보답하는 일이라 믿으면서 말이다.

이 책은 일본에서 나온 단행본 ≪아이들은 죄가 없다≫ ≪고맙다, 아이들은 죄가 없다≫(주식회사 日本標準)를 번역해서 2011년 1월부터 12월까지 법보신문에 연재했던 ≪히로나카 스님의 행복 만들기≫ 기사를 다시 정리한 것이다.

이 책을 만들기 위해 힘을 써준 한나래문화재단 이사장 심산스님께 깊은 감사를 드린다.

번역자 도다 이쿠코

제 1 장

지금이 아니라 5년 후를 보자

01. 부모의 정을 갈망하는 아이들

02. 나는 아저씨이자 친구다

03. 아이는 가정을 비추는 거울

04. 부부갈등에 자녀는 마음의 문을 닫는다

05. 구할 수 없었던 목숨이 있었기에

06. 자녀는 부모의 소유물이 아니다

온 세상 모든 부모가 다 마찬가지일 것이다.

그 아이가 태어났을 때 얼마나 행복했는지.

무사히 태어나 준 것만으로도 얼마나 고마웠는지.

그러니까 아이를 대하기 힘들다고 느껴질 때

아이가 태어났을 당시의 사진을 꺼내보라.

그때 마음을 되살려 아이와 마주하면 문제는 꼭 풀릴 것이다.

아이들은 항상 부모의 따스함을 갈망하고 있다.

01
부모의 정을 갈망하는 아이들

열 살짜리 여자아이의 가출

2008년 여름, 법회로 히로시마에 가 있던 나에게 우리 절에서 긴급 전화가 걸려왔다.

"아저씨, 마야라는 아이가 가출해서 왔어요."

"몇 살이야?"

"초등학교 4학년이래요."

"어디서 왔대냐?"

"가나가와현 이래요."

기차로 300킬로를 넘는 거리를 겨우 열 살짜리 아이가 혼자 찾아왔단 말인가?

"아저씨는 오늘 좀 늦는다. 너희들이 마야 잘 데리고 있어라."

그렇게 당부하고 전화를 끊었는데, 몇 시간 후에 다시 전화가 울렸다.

"아저씨, 지금 마야의 부모님이 마야를 데리러 왔어요!"

그 소리 뒤로 아이의 비명 소리가 들려왔다.

"싫어, 난 집에 안 가! 언니, 오빠, 나를 좀 살려줘. 난 집에 가기 싫단 말이야!"

그날 마야의 집은 난리가 아니었다고 나는 나중에 들었다. 어린 딸아이가 안 보인다고 부모는 온 동네를 뒤지고 학교나 경찰서에까지 신고를 했다. 그러다가 마야가 평상시 들고 다니는 빨간 가방이 없는 걸 눈치챈 아버지가 마야가 쓰는 컴퓨터를 켜봤다. 혹시 무슨 실마리라도 찾을 수 있지 않을까 해서다. 과연 인터넷 검색란에 집에서부터 우리 절까지의 교통편을 찾던 흔적이 남아 있었다. 마야의 부모는 부랴부랴 사이쿄인을 찾아온 것이었다.

외동딸 마음 모르는 의사 부부

그날 늦게 내가 귀가하니 거실 탁자 위에 마야의 부모 명함 두 장이 나란히 있었다. 나는 우리 절 아이들한테 모든 이야기를 전해 듣고 바로 그 명함에 있는 번호로 전화를 걸었다.

"지금 당장 마야를 여기로 데리고 와! 안 데려오면 내일 내가 당신들 직장까지 찾아가서 난리를 치겠다!"

큰 소리로 그렇게 외치고 나는 일방적으로 전화를 끊었다. 마야의 아버지는 도쿄에 있는 대학병원 의사이고 어머니도 역시 가나가와현에 있는 대학병원 의사. 마야는 의사 부부의 외동딸이었다.

다음 날 아침 고급 승용차 한 대가 우리 절로 들어오는 것이 보였다.

"아저씨, 정말 정말 고마워요! 마야는 집에 가기 싫어요. 여기 있게 해주세요!"

흥분해 있는 마야를 잠시 다른 방으로 데려다 주고 나는 거실에서 마야의 부모와 마주 앉았다.

"당신들이 의사라고 하는데, 마야의 부모 맞아? 사랑하는 딸이 왜 가출했는지, 아이의 마음을 정말 지금까지 모르고 있었던 거야? 그런 부모는 부모 자격이 없다!"

마야의 부모는 그저 고개를 숙이고 가만히 앉아있었다.

"마야를 우리 절에 두고 당신들은 그냥 집으로 돌아가라!"

그리고 나는 이 약속을 꼭 지키라고 명령했다. 그것은 다음 날부터 아침마다 "마야 고마워"라고 종이에다 크게 써서 팩스로 보내라는 것이었다. 매일매일 빠짐없이 마야한테 고맙다고 쓰고, 그 옆에 아버지와 어머니가 꼭 친필로 사인하라고 시켰다.

그러자 갑자기 아버지가 화를 내기 시작했다.

"스님, 오늘 일요일인데 나는 집에서 쉬지도 못하고 마야 때문에 여기까지 왔고, 마야 때문에 동네 사람들한테도 얼마나 폐를 끼치고, 이 먼 거리를 두 번씩이나 왕래했는데, 도대체 그런 딸에게 뭐가 고맙다고 편지를 쓰라고 하는지 모르겠다!"

아마도 아버지는 지금까지 살아오면서 한 번도 이런 식으로 누구한테 혼난 적이 없었을 것이다.

"그 의미를 알기 전에는 마야를 절대로 돌려보내지 않을 것이다. 빨리 가라!"

마야의 부모는 어쩔 수 없이 차를 타고 떠났다. 그날 오후 두 시쯤인가 우리 절에 있는 팩스기가 울렸다. "마야 고맙다"라는 말 옆에 아버지와 어머니의 이름이 적혀 있었다. 나는 바로 마야에게 그것을 보여주었다. 마야는 밝은 표정으로 한참 동안 보다가 갑자기 그 종이를 던져버렸다.

"아저씨, 이 글씨 다 엄마가 혼자 쓴 건데요."

그날부터 사흘 동안 같은 글씨체의 팩스가 들어왔다. 나는 화가 나서 다시 마야의 집으로 전화를 걸었다.

"당신들은 아직도 모르고 있구나. 지금 당장 마야가 태어났을 때 찍은 사진을 꺼내봐! 2,350그램으로 아주 작은 아이가 태어났을 때, 당신들의 마음이 어땠었는지? 그 당시 마음으로 돌아가란 말이야!"

아이가 태어났을 때 그날 마음으로

이 세상 모든 부모가 다 마찬가지일 것이다. 아이가 태어났을 때 얼마나 행복했는지, 어린 생명이 무사히 태어나 준 것만으로도 너무나 고맙게 여겨졌을 것이다. 그때 감사한 마음을 간직한 채 지금 아이를 대하라고 나는 이야기하고 싶었던 것이다.

그날 마야의 부모는 아주 오랜만에 마야의 어릴 때 사진을 꺼내 밤새도록 이야기를 했다고 한다. 그리고 다음 날 아침 다시 팩스가 들어왔다. 마야한테 보여주려고 하니 마야는 "어차피 엄마가 다 썼을 텐데요"라고 하며 보지도 않는다. "그래도 한 번 봐라" 하니까 겨우 종이를 건네받았다. 한참 동안 보고 있던 마야의 눈에서 눈물이 쏟아져 나왔다.

그날 이후 매일매일 같은 내용의 팩스가 오다가 일주일이 지나자 이번에는 종이 한 장에다 "마야 고맙다, 고맙다"라고 50번가량 쓰고 아버지의 이름이 있는 팩스와 역시 어머니 이름으로 고맙다는 말이 50번가량 적혀 있는 팩스가 들어왔다. 마야는 그 팩스를 들고 큰 소리로 울기 시작했다.

나는 바로 전화를 걸어 마야를 데리러 오라고 했다. 그날 마야의 부모는 말 그대로 날라 왔다. 아버지는 도착하자마자 차 시동도 끄지 않은 채 우리 절 입구의 계단을 한숨에 올라와 마야를 껴안았다. "마야, 미안하다. 아빠가 잘못했다. 마야, 고맙다. 정말 고맙다!"

그러자 어머니도 "엄마가 잘못했어. 다 엄마 잘못이야. 그리고 마야 고마워"라고 셋이서 껴안고 한참 동안 울었다. 그렇게 해서 이 가족은 집으로 돌아갔다.

마야는 지금도 가끔 나에게 문자를 보내온다. 지난번 문자에는 이렇게 쓰여 있었다.

"아저씨, 항상 고마워요. 마야는 엄마 아빠처럼 의사가 되려고 열심히 공부하고 있어요."

어떤 부모든 때로는 아이를 대하기 어렵다고 느껴질 때가 있을 것이다. 그때, 아이가 태어났을 당시 감사의 마음을 되살려 아이와 마주하면 문제는 꼭 풀릴 것이다.

서로 생각이 다른 가족

아이들이 비행의 길로 나가고 자살 시도까지 하는 그 원인은 어디에 있을까? 그것은 바로 아이들이 부모의 따스함을 느끼지 못했기 때문이다. 그러면 언제부터 그렇게 되었을까? 먼저 집안 문제를 잘 살펴야 한다. 그리고 문제가 발생한 그 시점으로 돌아가 부모와 자식 관계를 다시 회복해야 한다.

우리 절에 찾아온 부모와 아이에게 나는 먼저 한 사람씩 지금 생각하는 모든 것을 이야기하라고 시킨다. 아버지도 어머니도 아이도 모두가 서로 할 말이 다르다. 나는 그 모든 이야기를 부정하지 않고 그대로 받아들여 해결책을 생각한다.

부모 정을 느껴야 아이는 돌아온다

아들이 소년원을 퇴소하자마자 부모는 아들을 데리고 나를 찾아왔다. 아들은 나에게 이렇게 말했다. "오래간만에 소년원에서 나왔는데, 나는 그 소년원 부근을 좀 더 돌아보고 싶었는데 엄마는 뒤도 돌아보지 않고 빨리 떠나자고 나를 재촉하고 여기로 데려왔어요."

몇 년 동안 그곳에서 생활했던 아들은 자기가 갇혀 있던 곳이 어떻게 생겼을까 확인하고 싶은 마음이 있었던 것이다. 그러나 엄마는 그런 아들의 마음을 전혀 헤아리지 않고 꺼림칙한 그곳을 빨리 떠나려고만 했다. 아들이 주변 경치를 좀 보고 싶다는 말을 했는데도 엄마는 아랑곳하지 않았다. 그때 아들은 느낀 것이다. "엄마는 몇 년 전이나 지금이나 하나도 변하지 않았구나. 나는 이곳에서 얼마나 고생했는데, 엄마는 내 마음을 전혀 알려고 하지 않는구나"라고.

그렇게 생각하니 아들은 집에 돌아가기가 싫어지고 저녁이 되면 어디론가 나가버려야 되겠다고 마음먹고 있었다고 한다. 아버지와 어머니는 그런 아들을 데리고 바로 우리 절로 찾아왔던 것이다. 그때 어머니의 마음속에는 자신이 통제 불가능한 아들을 빨리 우리 절에 맡기고 싶은 생각뿐이었다.

실은 그들이 방문하기 전 나는 부모와 통화를 하면서 그날부터 아이를 우리 절에 받으려고 마음먹고 있었는데, 이야기를 각각 들어보니 이 가족은 오늘 하루만은 같이 지낼 필요가 있다고 판단을 했다. 물론 우리 절에 오되 먼저 하룻밤이라도 부모의 따스함을 아들이 느낄 수 있어야 된다고 생각했던 것이다. 만약 부모의 정을 느끼지 못한 채 이곳에 오면 다른 아이들과의 공동생활에도 지장이 생기기 때문이다.

그래서 나는 오늘 밤엔 다시 집으로 돌아가 같은 방에서 이불을 펴 꼭 세 식구가 같이 자고 아침에 일어나 다시 엄마가 아들을 데리고 오라고 시켰다. 그랬더니 어머니는 다음날엔 일이 바빠 그럴 시간이 없다고 대답했다. 그 말을 들자 아버지가 폭발하듯이 화를 냈다. 아마도 어머니에게 하고 싶은 말들을 그 동안 꾹 참아왔던 모양이었다.

아버지는 오열하면서 말했다. "당신이 회사 일 때문에 바쁘다면 내가 일을 하루 쉬고 아들을 이곳으로 데려다 주겠다"라고. 오랫동안 못 본 아들을 몇 년 만에 만났는데, 엄마는 자기 일이 바쁘다고 일 걱정만 하고 있고, 또한 그것을 당연하게 생각하고 있었다. 아버지는 그런 어머니한테 아무 말도 하지 못했고, 혹은 말해봤자 어머니는 아버지의 말에 수긍하지도 않았을 것이라는 집안 분위기를 느낄 수 있었다. 즉, 이 가족의 문제의 원점은 아버지가 어머니한테 말을 안 하기 시작했을 때로 거슬러 올라간다. 그때부터 어머니는 아들보다 일을 더 우선으로 생각하기 시작한 것이다.

결국 그 다음 날, 어머니는 휴가를 내서 아들과 함께 다시 우리 절을 찾아왔다. 어머니는 깨달았던 것이다. 소중한 아들을 소년원까지 보내게 된 원인이 바로 자기 자신한테 있었다는 것을 말이다.

아이들이 비행의 길로 나가고
자살 시도까지 하는 원인은 어디에 있을까?
그것은 바로 아이들이 부모의 따스함을
느끼지 못했기 때문이다.

아이가 가출이나 자살 시도까지 한 후에야 처음으로

자신의 잘못을 깨닫는 부모는 부모의 자격이 없다!

가장 괴로워하는 이는 아이 자신이다.

잘못은 아이의 호소를 들으려하지 않은 부모에게 있다.

나는 아이들의 마음의 후원자이자 정신적 지주가

되려고 한다.

첫 만남의 악수, 그리고 빠른 행동

그것이 아이들의 닫힌 마음을 여는 계기가 된다.

비행이나 등교거부 등 아이에게 문제가 생기면

원인을 밖에서 찾지 말고 먼저 집안 분위기와

가족 관계부터 살펴보라.

해결 방법은 아주 사소한 것에서 찾을 수가 있다.

02

나는 아저씨이자 친구다

아이들에겐 잘못이 없다

"있는 그대로가 좋다."

"정말 열심히 살고 있구나."

나를 찾는 아이들이나 부모님을 처음 만날 때마다 나는 그런 위로의 말부터 꺼낸다. 곤경에 빠진 사람들은 자신을 부정하고, 주변 사람에게 눈총 받으며 살고 있기 때문이다. 아버지는 "당신이 교육을 잘못 시켜서 아이가 이 모양이다"라고 어머니를 나무라고, 아이는 그런 어머니의 모습을 보면서 "차라리 내가 태어나지 않았으면 좋았을 텐데"라고 하며 자책감에 빠져 괴로워한다. 어머니는 고민 끝에 용기를 내 학교나 상담기관을 찾아가기도 하는데, 거기서도 역시 "가정교육이 잘못 된 것 아닌가요?"라는 소리를 듣고 마음의 상처가 커져가기만 한다.

이런 어머니를 위로하고 곤경에 빠진 아이와 어머니를 지금 있는 그대로 받아들이는 것, 그들의 굳어진 마음을 먼저 해방시켜 안도의 숨을 내쉬게 하는 것이 우선이라고 나는 믿는다. 사람은 안심하고 있을 수 있는 곳을 찾으면 자기 스스로를 다시 돌아볼 여유가 생기고, 주변 사람들과 소통하면서 성장할 수 있기 때문이다.

나를 찾는 아이들은 항상 이렇게 말한다.

"엄마 아빠는 내 말을 전혀 들으려고 하지 않으세요. 난 집에 있기 싫어요. 난 죽고 싶어요."

당연히 부모도 고통 받고 있지만 가장 괴로워하는 이는 역시 아이 본인이다. 아이는 부모가 가지고 있는 문제점을 알려주는 존재이기도 하다. 나는 믿는다. 아이에겐 잘못이 없다고. 잘못은 아이의 호소를 들으려하지 않은 부모에게 있다고.

아이가 가출이나 자살 시도까지 한 후에야 처음으로 자신의 잘못을 깨닫는 부모는 부모의 자격이 없다! 나는 일본 곳곳을 돌며 강연을 할 때마다 "아이에겐 잘못이 없다"는 점을 항상 강조하고 있다.

마음을 의지할 수 있는 후원자

'삼보三步의 거리'라는 말이 있다. 가까이 다가가되 너무 간섭하지 말고, 그렇다고 내버려두지도 말고, 약간의 거리를 두면서 서로 편안함을 느끼는 그런 마음의 거리를 말한다. 부부간에도,

부모자식간에도, 친구간에도 혹은 동네사람들간에도 항상 '삼보의 거리'를 유지하도록 하는 것이 중요하다. 그것이 그리 쉬운 일은 아니다.

타인과의 '삼보의 거리'는 상대방에게 다가서는 마음, 함께하는 마음을 가지는 것이다. 학생의 경우엔 더불어 공부하고 소통하는 것이 바로 그것이다. 서로의 의견을 나누고, 어떨 때는 맞붙어 겨루기도 하면서 함께하는 마음으로 학교를 같이 다니고 같이 졸업하고 같이 진학하며, 더불어 사는 마음으로 아이들은 성장해 간다. 어른들도 같은 동네에 사는 아이들에게 그런 마음가짐이면 된다고 나는 생각한다.

우리 절에서 지내는 아이들은 항상 이런 말을 한다.

"아저씨가 데려다 주니까 나는 학교에 갈 수 있어요."

"아저씨가 같이 가주니까 나는 직장에 다닐 수 있어요"라고.

실제로 내가 매일 매일 아이들을 학교나 직장으로 데려다주는 것은 아니다. 그러나 아이들은 "내가 부르면 항상 아저씨가 달려와서 나를 도와준다"라는 안도감과 믿음을 가지고 있는 것 같다. 내가 그들의 굳건한 '후원자'라고 생각하고 있다는 뜻이다.

'후원자'란 마음을 의지하는 정신적 지주支柱라고도 할 수 있다. 후원자와의 만남은 우리 인생에 큰 보탬이 된다. 부모·형제, 할머니 할아버지가 그 역할을 하기도 하고, 나 같은 불자 혹은 학교선생님, 아니면 사람이 아니라 야구나 축구 같은 운동도, 음악이나 애완견 등등 인생에서 만나는 모든 것이 그 사람에게 '후원

나는 아저씨이자

친구다.

자', 즉 마음의 지주가 될 수 있을 것이다. 아이들에게 '후원자'를 많이 만들어주는 것이 어른들의 역할이라고 나는 항상 강조한다.

첫 만남의 악수에 승부를 건다

나는 강연회나 법회에 찾아오는 아이들을 볼 때마다 "우리 친구가 되자"라고 악수를 청한다. 손을 잡고 나의 온기를 상대방이 느끼게 하는 것이 중요하다. 친구란 서로에게 따스함을 주는 존재이기 때문이다. 처음 만나는 아이들과의 악수로 나의 따스함이 아이들의 닫힌 마음을 여는 계기가 되었으면 한다.

애타는 마음으로 강연회를 찾아온 아이들과 악수를 하는 순간 나는 이 아이를 어떤 식으로 받아들이면 되는지, 같이 지내려면 어떻게 하는 것이 좋은지를 생각한다. 악수하는 순간 그 아이에게 맞는 교육프로그램이 내 머리속에서 그려지는 것이다.

상대방이 어른이든 아이든 상관없이 나는 항상 99프로의 의심을 가지며 100프로를 받아들이려고 한다. 왠지 모순된 이야기처럼 들릴지 모르지만, 나는 그 아이의 부모가 아니니까 그 아이를 100프로 믿으면 안 되는 것이다. 부모라면 무조건 100프로 믿어주어야 하겠지만, 나는 '삼보의 거리'를 지키는 '후원자'다. 그리고 아이들에겐 아저씨이자 친구다. 핏줄은 달라도 무슨 일이 일어나면 바로 달려가는 마음의 지주인 '아저씨'인 셈이다.

부모는 아이의 작은 변화라도

민감하게 알아차리고 챙겨야 한다.

진정한 가족이 아니기에 아이들은 오히려 부모한테 말 못하는 이야기도 나에겐 할 수가 있을 것이고, 친구라면 남에게 하기 어려운 비밀 이야기도 할 수 있을 것이다.

자신의 아이를 맡기는 부모에게는 나를 친척이라 생각하라고 말한다. 가족이나 가까운 이웃에게 말 못하는 이야기도 때로는 작은아버지나 삼촌한테 말할 수 있듯이 나에게 이야기를 해보라고 제안한다.

하여튼 나는 첫 만남의 악수에 모든 것이 달려있다고 본다. 이때 얼마나 상대방에게 나의 따스함을 건네줄 수 있을지가 문제다. 나를 찾아온 아이나 부모는 "이 사람은 얼마나 나를 이해해 줄까?"라는 의심을 가지고 있다. 그래서 그 마음을 그대로 받아들이고 따스함과 신뢰감을 느끼게 하면서 먼저 안심시켜주어야 한다. 그리고 또 한 가지 중요한 것은 첫 만남에서 환한 얼굴을 보여주는 것이다.

나는 방에서 절대 나오려고 하지 않은 아이의 방까지 들어가서 "안녕! 아저씨가 왔어"라고 악수를 청하기도 한다. 악수를 하면서 나는 그 아이를 앞으로 어떻게 대하면 좋을지 2분 만에 프로그램을 만든다.

이런 말을 하면 이상하게 생각하는 사람이 있을지 모르지만, 아이를 보면 나는 그 아이가 가지고 있는 '냄새'를 맡을 수가 있기 때문이다. 그래서 아이의 부모에게는 나를 가까운 친척, 그리고 친구로 생각하라고 말하고 아이에게는 나를 아저씨라 부르게 하는 이유가 여기에 있다.

부모가 할 수 있는 일

심리 상담을 맡은 상담자는 항상 환자가 찾아오는 것을 자기 방에 앉아서 기다린다면, 나는 곤경에 빠진 사람이 있다면 바로 달려가는 '적극적인 카운슬러' 다. 물론 그럴 때는 속도가 아주 중요하다. 전화나 팩스로 도움을 구하는 요청이 들어오면 바로 그날 연락을 해서 가능한 그날 거기로 찾아간다. 곤경에 빠진 이는 기다릴 여유가 없기 때문이다.

또 나의 빠른 행동이 상담자와의 확고한 신뢰관계를 구축할 수가 있다. 내가 어떤 상황에 있든 나를 기다리는 이들을 위해 얼마나 빨리 갈 수 있을까가 나의 문제다. 그것은 내가 얼마나 관용의 마음을 가지고 있을까 라는 문제이기도 하다.

그런데 아이들에게 가장 중요한 것은 역시 부모의 역할이다. 나에게 상담하는 부모한테 항상 하는 말은 자신의 아이에게 더 많은 관심을 가지라는 것이다. 부모는 아이의 작은 변화라도 민감하게 알아차리고 챙겨야 한다. 함께 식사하면서 "평소 잘 먹는 아이가 오늘따라 왜 밥을 남겼을까?", "왜 오늘따라 학교 이야기를 전혀 안 할까?" 등등 항상 아이에 대해 궁금해 하면서 살펴보면 아이의 마음을 파악할 수가 있다.

아침 시간에 아무리 바빠도 등교하는 아이를 부모가 현관

문까지 배웅하라. 도저히 저녁을 같이 먹을 수 없으면 아침만이라도 꼭 아이와 함께 식탁에 앉아라. “아빠는 오늘도 열심히 일할게. 너도 학교에서 열심히 공부해라. 엄마도 집 잘 지켜주고!” 그런 아버지의 말이 아이의 아침을 활기차게 연다. 그리고 어머니의 마음은 따뜻한 아침식사에 나타나고, 그 마음은 가족에게 꼭 전달된다.

부부가 사이좋게 서로 공경하며 지낼 때 아이가 그 마음을 받아들여 원만한 가정환경을 형성할 수 있다. 그것이 바로 아이가 학교를 가기 싫어하는 등교거부나 비행 등의 문제를 해결하는 근본적인 방법이다.

부모의 이혼으로 인해 한쪽 부모만 있는 가정일 경우 육아와 직장 일을 양립하기가 힘들 수도 있고, 아이와 함께 식사할 시간조차 내기 힘든 형편일 수도 있다.

만약 아이가 혼자 식사할 경우 부모가 먼저 집을 나가기 전 쪽지에다 간단한 한마디라도 적어 식탁에 놓고 나가도록 하라. 아무리 짧은 글이라도 있는 것과 없는 것은 천지 차이다. 작은 쪽지 한 장에서도 아이들은 부모의 따스함을 느낄 수가 있는 것이다.

아이가 원하는 건 엄마의 따스함

여기서 실제로 내가 문제 해결로 쓰는 방법을 몇 가지 소개하고자 한다.

잠자리에 오줌 싸는 버릇이 도저히 고쳐지지 않는 아이 때문에 어머니가 상담하러 찾아왔다. 부모와 한 방에서 셋이 잔다는 말을 듣고 잠자리 위치를 바꿔보라고 권했다. 신기하게도 아이는 엄마 오른 편에서 자면 오줌을 싸지 않는다.

틱 장애나 손톱을 자꾸 입으로 뜯는 아이는 부모가 꽉 안아주면 금방 좋아지기도 한다. 아이에게 필요한 것은 사랑 특히 엄마의 따스함이다. 엄마의 사랑 결핍이 아이의 행동에도 나타나는 것이다. 아기가 보챌 때 엄마가 등을 쓰다듬으면 조용해지는 것과 마찬가지다. 엄마 뱃속에서 오랜 시간을 보낸 아이는 아빠보다 엄마와의 유대관계가 더 강한 것은 자연의 섭리이다.

"유치원에서 항상 우리 아이만 혼자 있다고 하는데 어떻게 하면 좋을까요?"

어떤 엄마가 나에게 질문했다.

"어머니는 직장이나 동네사람들과의 관계가 어떤가요? 부부관계는 어떤가요?"

내 말에 그 엄마는 당황했다. 엄마의 마음이 바로 아이에게 전달되는 것이다. 그 엄마는 직장에서도 항상 혼자 지내는 스타일이었다.

"우리 애가 자꾸 무서운 꿈을 꾼다고 하는데요."

"집안 분위기를 잘 살펴보세요. 무언가 문제가 있지 않을까요?"

문제는 아이에게 있는 것이 아니다. 아이의 비행이라든지 등교거부 등 문제행위의 해결 방법은 실은 아주 사소한 것에서 찾을 수 있다.

부모와 아이간의 신체적인 접촉이 아이가 성장하면서 점점 적어져 서로의 따스함이 전달되기가 어려워진다. 아이가 학교에서 어떤 고민이 생겨도 부모는 그것을 곧장 알아차릴 수 없게 되고 아이에게 도움을 주지 못하게 된다. 이때 아이는 바로 부모와 자신의 마음의 거리를 민감하게 느껴 어떤 행동으로 신호를 보내는 것이다. 그것은 어린 아이 뿐만 아니라 어른이 되어서도 마찬가지라고 나는 생각한다.

사이쿄인은 일본 사회의 축소판이다.
이곳에 오는 아이들을 통해 일본사회의 뒤틀린 모습을
보는 듯하다.
명심해야 하는 것은 아이의 문제는
꼭 가정 문제라는 점이다.
부부간의 마음의 거리, 아이와 부모간의 마음의 거리가
아이의 문제행동으로 이어지는 것이다.
아이는 가정을 비추는 거울.
괴로워하는 아이들 뒤에는
부부불화로 갈등하는 부모가 있기 마련이다.

03

아이는 가정을 비추는 거울

아이의 문제는 바로 가정 문제다

요즘 일본 사회를 보면 예전엔 상상도 못 해본 힘든 문제가 여러 가지 생기고 있다. 부모가 자신의 아이를 학대하는 일이 현저히 많아졌고 어린 아이의 약물중독도 심각한 수준이다. 그런 아이들이 모여드는 이곳 사이쿄인은 어떻게 보면 일본 사회의 축소판이라 할 수 있을 것이다.

왜 사회가 이렇게 혼란스러운가? 나는 이렇게 생각한다. 사람들이 부처님의 가르침인 '오계五戒'를 소홀히 하면서 문제가 생기는 것이 아닌가라고.

죽이지 마라. 훔치지 마라. 거짓말을 하지 마라. 남녀의 일은 도를 넘지 마라. 술을 도가 넘게 마시지 마라. 이 다섯 가지 가르침 중에서도 특히 살생, 도둑질, 음행을 하지 말라는 세 가지 규율이 아주 중요하다.

나는 그 동안 많은 아이들을 접해보면서 아이의 문제는 아이만의 문제가 아니라 가정 문제라고 생각한다. 문제는 아이에게 있는 것이 아니라 오히려 부모에게 있다. 그리고 부부간의 갈등은 바로 부부의 '성품'의 차이 때문에 생긴다. 부부간의 불균형에서 생기는 뒤틀림을 아이들이 아주 민감하게 느끼며 아이들은 물건을 훔치거나 폭력, 자살 시도 등으로 그 불안한 마음을 잊으려는 것이다.

부부간의 마음의 거리, 아이와 부모간의 마음의 거리를 좁혀보자. 그리고 '삼보의 거리'를 두고 서로를 인정하자. 부모의 마음이 너무 빨리 가려고만 하는 게 아니었던가? 아이는 그 속도를 따라가기 힘들어할 수도 있다. 부모는 아이의 발걸음 속도에 맞추어 아이를 지켜봐주자. 부모의 기대가 너무나 컸던 건 아니었던가? 아이는 부모 마음에 어긋나지 않도록 하기 위해 너무나 지쳐가고 있었을 것이다. 학교에서 문제를 일으키는 아이들을 보고 학교에 문제가 있다고 하는 사람들도 있지만 나는 90프로는 가정 내에 문제가 있다고 본다.

부부의 '성품' 차이가 갈등을 부른다

'성품'이란 그 사람이 타고난 마음의 기량과 같은 것이다. 예를 들어 아버지가 사람이 좋아 아무에게나 우리 집에 와서 자고 가라고 끌어오는 성격이라고 하자. 반면 어머니는 자식을 위해선 뭐든 하지만 남의 일에는 관여하기 싫어하는 성격이라면, 아버지가 남의 자식을 위해 쉬는 날에도 발 벗고 나서는 것에 불만을 가질 것이다. 왜 가족을 내버려두고 남의 집 아이 때문에 시간 낭비하냐고 어머니가 불만을 터트리면, 아버지는 남을 위해 일하는 게 뭐가 나쁘냐고 반발하고 꼭 부부싸움이 일어난다. 그런 부부간의 불화가 아이의 마음에도 영향을 주고, 아이의 문제행동으로 이어지는 것이다.

이런 경우, 어머니는 그런 아버지와 결혼을 했음으로 아버지의 마음의 기량만큼 자신을 성장시킬 필요가 있다. 또한 아버지는 내가 할 수 있는 일을 남이 못할 수 있다는 사실을 이해할 필요가 있다. 어느 쪽이 더 좋다, 나쁘다고 하지 말고 서로가 자기 마음을 성장시켜야 되는 것이다.

부모라면 도둑질한 자식한테 고맙다고 말해야 한다. 부부간의 '성품'의 차이 때문에 생긴 마음의 뒤틀림을 아이가 몸을 던져 가르쳐주었기 때문이다.

어린이는 사회를 비추는 거울이라고 하는데 정말이지 아이는 이 사회의 가장 작은 단위인 가정을 비추는 거울이다. 그래서 도둑질을 한 아이를 맞이할 때가 부모로서 가장 중요한 때이기도 하다. "우리 집에는 아무 문제 없는데"라고 하는 부모도 있지만 아이의 눈으로 보면 절대로 그렇지 않다.

부부는 서로 다섯 가지 규약을 지켜라

부처님 가르침 중에 '아내의 다섯 가지 규약'과 '남편의 다섯 가지 규약'이 있다. 아무 문제 없다고 말하는 부부한테 나는 이 규약을 보이고 제대로 지키고 있는지 물어본다.

아내의 다섯 가지 규약

1. 아내는 남편의 형제, 친족, 친구를 소중하게 여겨야 한다.
2. 아내는 가정을 지키는 안주인 역할을 해야 한다.
3. 아내는 남편 몰래 낭비하면 안 된다.
4. 아내는 남편을 존경해야 한다.
5. 아내는 남편을 경멸하면 안 된다.

남편의 다섯 가지 규약

1. 남편은 아내를 존경해야 한다.
2. 남편은 아내를 경멸하면 안 된다.
3. 남편은 아내에게 권리를 주어야 한다.
4. 남편은 아내에게 남편의 도리를 벗어나는 일을 하면 안 된다.
5. 남편은 아내에게 경제적인 여유의 일부에서 선물을 보내야 한다.

이상 다섯 가지 규약을 서로 지키고 있는지에 대해 질문하면서 나는 부부들의 마음에 뒤틀림은 없는지 관찰한다. 그리고 나는 우리 절을 '졸업'한 아이들이나 조카들 결혼식 때도 이 다섯 가지 규약을 종이에 써서 보내기도 한다.

이것은 ≪법화경≫에 있는 말씀인데 그 의미를 나름대로 해석해 본 것이다. 경전이란 법사法事나 장례식 때 독경을 하지만 그것은 망자亡者를 위한 글이 아니라 생자生者를 위한 가르침이기도 하다.

우리 절에서 맺어진 인연

가정이야말로 가장 작은 사회의 단위다. 부부가 서로를 아끼며 사랑해야 행복한 가정생활이 이루어질 수가 있다. 그리고 우리 생활의 기본인 의식주가 해결되어야 아이는 건전하게 자랄 수 있다.

우리 절에 오는 아이들은 생활의 기본조차 주어지지 않은 환경에서 도망치듯이 뛰쳐나와 나에게 도움을 요청한 아이들뿐만 아니라. 생활에 여유가 있는 의사 집안 아이들이 섭식장애로 쓰러지기 직전에 우리 절을 찾아오기도 한다. 거식증, 폭식증으로 불리는 '섭식장애'에 걸린 아이들은 성장기에 필요한 영양분도 섭취하지 못한 채 신음을 한다. 그리고 괴로워하는 아이들 뒤에는 꼭 '성품' 차이 때문에 갈등하는 부모가 있기 마련이다.

우리 절에서 결혼식을 올린 신랑신부도 섭식장애와 등교거부로 고생하다가 맺어진 부부다. 새로운 인생을 우리 절에서 기약하겠다는 그들을 위해 내가 주례를 서고 '불전佛前 결혼식'을 올렸다. 그날은 신랑신부의 부모, 친족 친지들, 우리 절 모든 식구들이 큰 보람을 느낀 행복한 날이었다.

가정이야말로
가장 작은 사회의 단위다.
부부가 서로를 아끼며
사랑해야 행복한 가정생활이
이루어질 수가 있다.

부부간의 갈등, 고부간의 갈등으로 인해
아이의 말과 행동에 변화가 생길 수가 있다.
부모는 지금 이 상태만 해결하려 하지 말고
문제가 발생한 시점으로 돌아가 원인을 찾아야 한다.
부모는 아이의 외로운 마음을 이해해주고
아이를 괴롭혀왔던 자신들의 갈등에 대해 진심으로
아이에게 사과를 해야 한다.
아이는 부모의 한마디로 얼마든지 달라질 수 있는 존재다.

04
부부갈등에 자녀는 마음의 문을 닫는다

문제의 시점을 찾아내라

부부 사이에 있는 '성품'의 차이와 함께 잘 지켜봐야 하는 것은 아이의 말과 행동의 변화다.

'고금다난古今多難'이라는 말이 있다. 옛날이나 지금이나 고난이 많다는 뜻인데, 이것을 일본어의 옛날식 읽기법대로 발음하면 '고고다나'라고 한다. 그리고 일본어로 '고고다나'란 '바로 여기다'라는 뜻이다.

자식에 대한 부모의 고민인 '고금다난'은 아이들이 일으킨 문제 행동을 하나하나 돌이켜보면 꼭 그 문제의 뿌리인 '고고다나'를 찾을 수 있게 마련이다.

어느 날 어떤 부부가 우리 절을 찾아왔다. 그들에겐 열아홉 살이 된 히로시라는 아들이 있는데 히로시는 몇 년 전에 소년원을 일시 퇴소하자마자 다시 사건을 일으켜 소년원으로 들어갔다. 그리고 다시 일시퇴소 하는 날이 다가왔다는 것이었다.

히로시의 부모는 아들이 소년원에 입소한 첫 무렵에는 자주 면회를 했다고 한다. 그런데 히로시가 그 동안 진 빚을 갚기 위해 부부는 힘든 나날을 보낼 수밖에 없었고 경제적인 여유가 없다보니 면회도 자주 가지 못 했다고 했다.

그런 사정을 들은 나는 먼저 히로시의 신원보증인이 되어 일시퇴소하기 전에 직접 그를 만나보기로 마음먹었다. 나는 보호 관찰소와 히로시가 있는 소년원에 면회 신청을 하고 부모와 함께 셋이서 히로시를 찾아갔다.

그런데 그날 소년원은 난리가 났다. 소년원 지도교관과 함께 면회실에 온 히로시가 큰 소리로 외치고 책상을 주먹으로 때리기 시작한 것이다.

"아버지! 난 당신 때문에 여기에 들어왔어! 당신이 나를 제대로 이끌어주지 않아서 내가 이런 곳에 있단 말이야!"

들어보니 히로시는 소년원에 오기 전까지 여러 과정을 거쳤다. 처음 도둑질을 했을 때, 머리를 노랗게 물들였을 때, 귀에 구멍을 뚫었을 때, 담배를 피기 시작했을 때, 폭주족에 들어갔을 때 등등, 히로시는 부모한테 몇 번씩이나 신호를 보내고 있었던 것이다.

얼어붙은 아이의 마음이 녹아내려

실은 히로시의 아버지는 히로시와 피가 섞이지 않은, 어머니의 재혼으로 맺어진 새 아버지였다. 아버지는 어머니와 재혼할 때 히로시를 친자식처럼 잘 살피겠다고 어머니에게 다짐했다. 그러나 시간이 지날수록 아버지는 히로시가 자신의 아들이 아님으로 사소한 일에 눈을 감기 시작했고 히로시가 구조신호를 보내고 있을 때도 히로시를 붙잡아주지 못했다. 그리고 아버지도 어머니도 히로시의 외로운 마음을 제대로 이해해주지 못했다.

나는 8월 중순에 소년원을 일시 퇴소한 히로시를 우리 절에 데리고 와서 보름동안 같이 생활했다. 그리고 9월 초부터 히로시는 방을 얻어 혼자 독립해서 직장을 다니기 시작했다. 실은 8월 말에 히로시가 "아저씨, 저 자동차 정비를 배웠으면 하는데요"라고 내게 상의하자, 나는 자동차 정비소를 운영하는 지인한테 전화를 걸어 히로시를 써달라고 부탁해 놓았던 것이다.

히로시는 직장을 다니기 시작한 그 첫날부터 누가 시킨 것도 아닌데 아침마다 아버지한테 전화를 걸었다. "아버지, 안녕히 주무셨어요? 전 지금 일하러 나가요"라고. 그러자 저녁에는 아버지가 히로시한테 전화를 걸었다. "히로시, 오늘 많이 힘들었지. 잘 쉬고 내일도 힘내라."

히로시는 왜 이렇게 많이 달라졌을까? 그 이유는 소년원에서 폭발하듯이 소리를 질렀던 데 있다. 그날 아버지한테 자신의 모든 감정을 토했던 히로시를 아버지는 다 받아들이고 히로시 앞에서 무릎 꿇고 "히로시, 용서해줘. 내가 잘 못했다. 다 내 탓이다. 히로시, 용서해줘"라고 빌며 둘이서 껴안고 울었다.

처음으로 아버지와 아들의 마음이 하나가 된 순간이었다.

히로시와 아버지는 지금도 매일 전화 통화를 한다. 아들의 절실한 호소를 아버지가 받아들임으로써 얼어붙은 히로시의 마음도 녹아내린 것이다.

아이의 일탈신호와 부부간의 갈등

우리 절을 찾아온 부모한테 나는 꼭 문제를 일으킨 아이의 성장과정을 태어나서부터 현재까지 도표로 정리해보자고 제안을 한다. 하단에는 아이의 연령과 행동의 변화, 그리고 위에는 부모한테 있었던 변화를 표시한다. 히로시의 경우도 마찬가지로 소년원에 가기 전에 어떤 계기가 있었다. 그것이 '고고다나 바로 여기다'다. 그리고 아이에게 변화가 일어난 무렵에는 꼭 부모한테도 무슨 문제가 일어나고 있었다는 것을 알 수가 있다. 여기서 어떤 가족의 예를 보기로 하자. 도표 참조

아이에게 첫번째 변화가 일어난 시기인 A. 초등학교 1학년인 아이가 학교를 가기 싫어하기 시작했고 결석이 빈번해졌다. 그 무렵, 같이 살고 있던 가족 사이에 문제가 생겼다. 고부간의 갈등이 심해진 것이다.

초등학교 4학년 때 아이가 가게에서 도둑질을 한 시점인 B. 아이의 엄마와 시어머니 사이의 갈등이 더욱 커져가고 결국 분가를 하게 되었다.

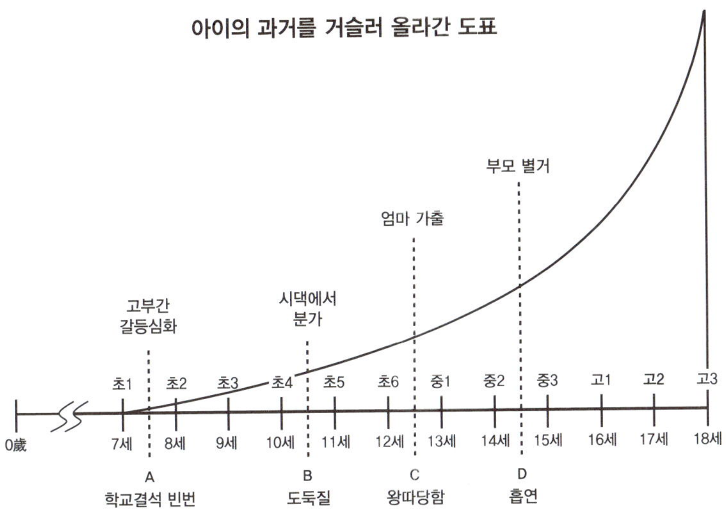

6학년 때 아이가 왕따를 당한 시기인 C. 엄마는 부부간의 갈등으로 인해 가출을 했다. 부부간의 '성품' 차이가 아이의 마음에도 영향을 미치고 있었던 것이다. 그리고 중2때 아이가 담배를 피기 시작했을 무렵인 D. 부모는 별거를 하게 되었고 아이의 마음속 외로움은 점점 커져만 갔다.

지금까지 몇 번이나 말하듯이 아이들은 등교거부나 싸움질 같은 문제행동으로 부부간의 '성품' 차이에서 생긴 뒤틀림을 알려주려고 한다. 그 아이의 외침을 부모는 받아들여야 한다. 그리고 더 어릴 때로 거슬러 올라가 아이의 문제 행동의 출발 시점을 찾아내어야 한다.

그 동안 부부간의 갈등이 아이의 마음을 괴롭혀왔다는 점에 대해 부모는 아이에게 진심으로 사과해야 하고 고마워해야 한다. 아이는 온몸으로 가족의 위기를 알려주는 신호를 보내주었기 때문이다. 부모의 진정한 사과와 감사의 마음이 아이의 마음을 열게 하고 그때부터 다시 새로운 가족관계를 형성할 수 있을 것이다.

'지금'만 해결하면 되나?

나는 정신과 전문의사와 같은 방식으로 심리상담을 하는 카운슬러다. 아이들 문제를 상담할 때는 항상 그 아이의 과거로 거슬러 올라가며 문제의 시초를 찾아내려고 한다. 중학교 3학년인 비행청소년을 만나면 중3, 중2, 중1, 그리고 초6, 초5, 초4, 초3, 초2, 초1…, 그 아이가 언제 어떤 행동으로 부모한테 신호를 보냈는지를 알아본다.

과거 아이가 왕따를 당한 적이 있는지, 언제 갑자기 학교를 가기 싫어했는지 알아보고 나서, 아이의 문제가 언제부터 시작되었는지, 어디서부터 바로 잡아야 하는지를 알아보는 것이다.

그런데 상담하러 온 부모들은 보통 '지금 이 상태만' 해결하려고 생각하고 있다. 당장 학교를 다시 갈 수 있도록, 지금 담배를 끊을 수 있도록 해 달라고만 이야기한다. 그러나 지금 이 상태만 해결한다고 아이의 문제가 근본적으로 해결되기가 어렵다는 사실을 알아야 한다.

예를 들어 초등학교 때 등교거부가 된 아이는 중학교로 올라가서도 다시 등교거부가 될 가능성이 크다. 왜냐하면 초등학교 때 생긴 문제를 해결하지 않은 채 그대로 방치했기 때문이다.

아이의 과거를 살펴보면 생활환경의 변화, 부부간의 갈등, 고부간의 갈등 등 어른들의 문제가 꼭 아이의 변화로 나타나기 마련이다. 그 시초로 돌아가서 아이 마음의 상처를 치유해준다면 아이는 문제없이 다시 자라게 된다.

아이가 위기신호를 보낼 때, 마음 한 구석에서 가는 실이 끊어져버린 채 그대로 자라게 된다. 그 실을 다시 이어야 할 텐데, 그것이 바로 부모의 역할이라고 생각한다. 부모가 후회 없이 아이를 키우려면 어떻게 하면 좋을까? 5년 후에 이 아이가 후회 없는 삶을 살 수 있도록 도와줘야 할 텐데 라고, 나는 항상 그런 생각을 하면서 상담하고 있다.

아이는 부모의 한마디로 얼마든지 달라져

원래는 마음의 성장과 신체적인 성장이 비례하는 것이지만, 요즘 아이들을 보면 마음은 아주 천천히 성장하는데, 몸만 빨리 자라는 것 같다. 부모가 보기엔 다 큰 아이가 왜 그런 어릴 때 지나간 기억 때문에 고민 하느냐고 할지 모르지만, 문제의 시초로 돌아가게 되면 어느 아이든 마찬가지로 다 "그때는 외로웠다"라고 말한다.

물론 많은 아이들한테는 별 문제 없이 넘어갈 수 있는 일일 수도 있다. 아무리 외로워도 혼자 이겨낼 수 있는 아이도 있다. 그러나 감수성이 예민한 아이는 그때 받은 상처로 인해 고통을 받고 괴로워한다. 그런 아이한테 부모가 이런 일 가지고 왜 그러느냐는 식으로 대하면 문제는 오히려 커져만 간다.

어떤 부모는 아이의 과거를 거슬러 올라가서 문제점을 발견하게 되면 서로 부부싸움을 하기 시작한다. 당신이 바쁘다고 아이를 돌봐주지 않았다거나, 당신이 더 신경을 썼어야 했다는 등 말이다. 그럴 때 나는 부부한테 이 아이가 태어났을 때 마음으로 돌아가라고 한다. 갓 태어난 아기 앞에서 둘이서 열심히 이 아이를 키우자고 맹세한 그 행복했던 순간을 되살려 보라고. 아이의 행복을 빌지 않았던 부모가 어디 있었을까?

문제의 원인과 시기를 알아내면 부모는 바로 아이에게 진심으로 사과를 해야 하고, 두 번 다시 그런 일이 없도록 하겠다고 맹세해야 한다. 부모의 진지한 말이 아이의 마음을 녹게 한다. 아이는 부모의 한마디로 얼마든지 달라질 수 있는 존재다.

병일 수도 있으니 포기하지 않도록

여기서 한 가지 조심해야 할 점이 있다. 아이의 문제가 부모와의 관계에서만 생기는 것이 아니라 아이에게 선천적인 원인이 있는 경우가 있기 때문이다. 예를 들어 '발달장애'는 이해력이나 판단력이 현저히 떨어지는 뇌의 장애를 말한다. 이런 아이에게 아무리 빨간 불에 길을 건너면 안 된다고 말해도 듣지 않는다. 이 경우 부모의 언성이 높아져 학대로 이어질 수 있다. 만약 아이가 '발달장애'가 아닌지 의심이 든다면 바로 아동상담소나 보건소, 소아과나 정신과로 가서 상담을 해야 한다.

'간질병'도 병 중의 하나다. 일반적으로는 갑자기 발작을 일으키는 것으로 알려지고 있지만, 경련을 일으키지 않은 의식장애도 있다. 예를 들어 본인도 모르게 멀리 가버린다든지, 가게에 가서 물건을 훔쳐오기도 하는데, 뇌파검사를 해보니 '간질병' 진단을 받았다는 이야기도 있다. 이럴 때는 신경내과를 찾아서 전문적인 치료를 받으면 좋아질 수가 있다.

자신의 감정을 통제할 수 없는 '통합실조증統合失調症'도 뇌에 관한 병이다. 형광등을 보고 충동적으로 깨뜨리거나, 전철 안에서 갑자기 큰소리를 내거나 하는 행동을 취하는 경우다. 자신의 생각을 정리해야 할 경우에도 오랫동안 정리가 안 되는 아이들이다.

이런 경우 아이가 이해력이 부족하다고 야단치거나 부모 스스로를 자책하지 말고 병원에 가서 진찰을 받아야 한다. 그리고 만약 아이에게 장애가 있다면 그것을 부모로서 그대로 받아들여야 한다. 장애는 장애대로 받아들이고, 그 아이에게 맞는 교육이나 환경을 찾는 것부터 시작해야 한다. 또한, 주변 사람들도 장애를 가진 이를 이상한 눈으로 보거나 일부러 피하거나 하지 말아야 한다. 장애가 있든 없든 우리는 같은 인간이다.

나는 의사가 아니기 때문에 약을 처방해줄 수는 없다. 만약 정신적인 병이라도 약을 먹으면 많이 좋아질 경우가 있으니, 방치하지 말고 꼭 병원에 가서 진찰을 받고, 맞는 약을 처방 받아서 복용하도록 해야 한다. 아이를 위해 병이나 약에 대한 지식을 가지고, 절대 포기하지 말고 지켜보는 것 역시 부모가 해야 할 역할이다.

청소년의 자살만큼 가슴 아픈 문제는 없다.

우리 절을 졸업해간 아이가 자살을 했다.

나는 왜 그 아이를 구할 수 없었을까?

그 아이는 왜 나를 좀 더 기다려주지 않았을까?

내가 구하지 못한 목숨이 있었기에 나는 더욱 절실해졌다.

내가 구할 수 있는 목숨이 있다면

한 목숨이라도 더 구하기 위해 한밤중이든 폭풍우 속이든

나를 간절히 기다리는 아이에게 바로 달려간다.

05
구할 수 없었던 목숨이 있었기에

자살하겠다고 문자를 보내온 아이들

나는 항상 핸드폰을 목에 걸고 다닌다. 언제 어디서 급한 전화가 걸려올지 모르기 때문이다. 강연회에 나가면 이야기 끝에 꼭 나의 핸드폰 번호와 메일 주소를 알려준다. 텔레비전에서도 우리 절 이야기가 몇 번씩 소개 됐기 때문에 내 연락처를 알고 전화하는 사람이 많다. 그래서 밤이든 새벽이든 내 핸드폰은 울린다. 사람들은 나보고 잠자는 시간도 없겠다고 걱정하지만 나는 상관하지 않는다. 내가 구할 수 있는 목숨이 있다면 하나라도 구하고 싶어서이다.

"난 죽고싶어요."

"사는 게 아무 의미가 없는 것 같아요."

거의 날마다 그런 문자가 온다. 한밤중에 "지금 자살 하려고 합니다"라고 어느 건물 옥상에서 찍은 것 같은 사진이 첨부된 문자가 와서 잠자는 나를 깨우기도 한다. 그런데 나는 지금까지 경험으로 알고 있다. 죽고 싶다는 문자를 보내 올 때 그 사람은 아직 죽지 않는다고. 정말 급할 때는 오히려 문자가 안 올 때이다.

자살하겠다는 문자가 오면 나는 일부러 예쁜 그림문자를 섞으면서 답신을 보낸다. "죽으면 안 된다~^^♡", "너는 몇 살이냐~??" 등등. 바로 답신이 오면 일단 안심이다.

19살짜리 여대생이라고 하는 아이한테 문자가 왔다. 어릴 때부터 아버지한테 성폭행을 당해왔고 그래서 죽고 싶다고. 이럴 땐 상황이 다르다. 나는 바로 "지금 내가 갈게. 장소를 알려줘!"라고 급히 문자를 보냈다. 한참 있다가 "아저씨, 고마워요. 다음에 또 연락할게요"라는 문자를 끝으로 연락이 끊겼다.그 아이는 지금 어떻게 하고 있을까? 혹시 장난일 수도 있겠지만, 그러나 어디에 있다고만 알려주면 나는 언제라도 달려갈 준비가 되어있다. 번역자 주: 일본 핸드폰은 문자용으로 쓰는 메일주소와 전화번호가 따로 지정되어 있기 때문에 문자가 왔다고 해도 이쪽에서 전화를 걸 수가 없게 되어 있다.

심한 시너 중독자였던 소년

지금까지 나는 수많은 아이들의 목숨을 구해왔지만, 사실은 내가 구해줄 수 없었던 생명도 있었다. 6년 전의 일이었다. 큐슈 후쿠오카에서 우리 절에 왔던 히데라는 남자 아이가 자살했다. 그는 겨우 스무 살이었다.

나를 간절히 기다리는 아이가 있으면

나는 바로 달려간다.

히데는 17살에 우리 절에 왔던 아이다. 심한 시너 중독자였다. 이대로 두면 죽을 수도 있겠다고 엄마가 데리고 왔던 것이다. 히데는 "내 인생을 다시 바꾸고 싶어서 아저씨를 찾아 왔어요"라고 말했다. 단단한 각오를 하고 온 모양이었다. 나는 그의 꿈을 물어봤더니 집 짓는 사람이 되고 싶다고 했다. 그래서 내가 아는 건축회사에 연락을 하고 히데가 일할 수 있게 부탁했다.

건축현장은 새벽부터 일이 시작된다. 나는 히데를 위해 매일 아침 다섯 시에 일어나서 도시락을 싸고 차로 데려다 주었다. 두 달 정도 그렇게 다니고 나니 히데는 "아저씨, 난 자동차 면허증을 따려고 해요. 그리고 공부를 좀 하고 자격증도 따려고요. 이젠 걱정하지 마세요. 나는 독립을 할 거예요"라고 말했다.

히데는 우리 절을 떠나 그 건축회사가 가지고 있는 직원주택으로 들어갔다. 사장님의 사모님이 히데를 잘 돌봐주었고 히데는 열심히 일했다. 자동차 면허증도 따고, 용접자격증을 비롯한 건축에 관한 이것저것 자격증도 땄다. 히데는 일주일에 한 번 우리 절에 와서 아이들과 함께 저녁을 먹었다. 이젠 시너도 완전히 끊고 많은 사람들을 만나며 새로운 생활을 시작한 히데의 모습을 보고 나는 안심하고 있었다.

약물중독에 인한 플래시백 현상

그러던 어느 날 새벽 다섯 시쯤, 전화벨 소리에 깼더니 경찰서라고 했다. 무슨 일이냐고 하니 히데가 죽었으니 시체를 확인해달라고 했다. 부랴부랴 달려갔다. 자살이었다. 히데는 밧줄에 목을 메달아 죽었던 것이다.

이 주 전에 히데가 우리 절에 왔을 때, 히데는 다음 해에 있는 자기 성인식 행사 때 입을 양복을 사려고 하는데 내 아내한테 양복점에 같이 갈 수 있겠냐고 물었다. 아내는 흔쾌히 응하고 같이 가서 양복을 샀다는 이야기도 들었다.

히데는 자살을 한 날 아침, 평소대로 출근을 하고 일을 했다고 한다. 그리고 밤에 직원주택에 돌아가서 선배한테 쓰레기를 버리고 오겠다고 말하고 밖에 나갔다가 돌아오지 않았다고 했다. 직원주택 뒷동산의 나무에 목을 메달아 자살을 한 것이다.

나는 도저히 이해가 가지 않았다. 이젠 괜찮다고 보았는데 왜?

히데는 유난히 외로움을 많이 타는 아이였다. 이혼하고 엄마가 히데를 키웠는데 엄마한테는 애인이 있었다. 엄마 사랑을 독차지하고 싶었는데, 그렇게 못하는 외로움으로 시너 흡입을 시작했다.

우리 절에 와서 많은 아이들과 접촉하면서 히데는 외로움에서 벗어날 수 있었고 시너 중독에서 벗어났다. 절에서는 아내를 따라다니며 좋아했고, 건축회사에서는 사장님 사모님이 히데를 귀여워했다. 히데는 역시 모성애에 목말라하고 있었다.

약물중독의 무서운 점은 '플래시백 Flashback, 재연현상'이다. 어느 순간 시너에 빠져있었던 아주 고독하고 외로웠던 과거가 되살

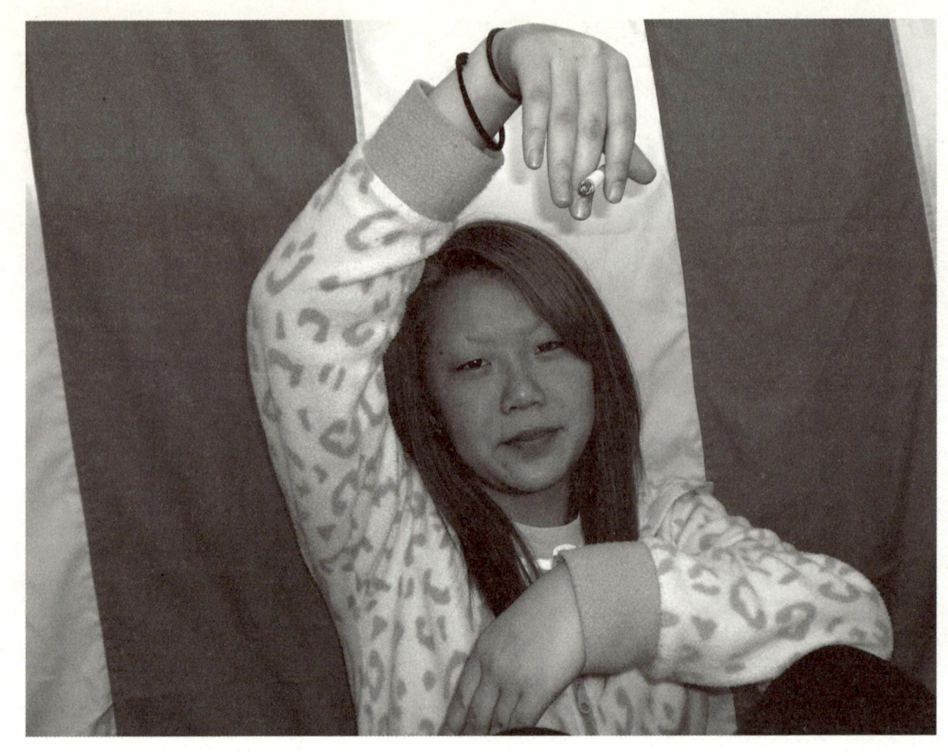

시대가 어려워질수록

부모는 더더욱 가족을 생각하고

아이를 사랑해야 한다.

아나 극심한 불안감에 휩싸여 그것을 견디지 못해 충동적으로 목을 메버렸던 것이다.

히데의 장례식은 우리 절에서 거행했다. 히데가 우리 절에 오고 나서 만난 사람들이 150명 가량 되는데, 모두가 히데를 위해 눈물을 흘리며 히데를 보냈다. 그런데 나는 히데의 목숨을 구해주지 못했다는 죄의식을 결코 씻어내지 못한다. 장례를 치르면서 나는 외쳤다. "힘든 일이 있으면 언제든지 아저씨한테 달려와라! 고민이 있으면 언제든지 아저씨한테 이야기해라! 절대로 혼자 해결하려고 하지 마라!"

자식이 자살할 때까지 눈치채지 못한 부모는 부모가 아니다

청소년의 자살 보도를 볼 때마다 정말 가슴이 아프다. 자식이 자살할 때까지 눈치채지 못한 부모는 부모가 아니라고 나는 항상 생각한다.

학교가 나쁘다, 친구가 나쁘다, 사회제도가 나쁘다고 이야기들을 하지만 먼저 자신의 가정환경을 잘 살펴봐야 한다. 따뜻한 가정에서 자랐던 아이는 절대 등교거부를 하지 않고, 비행의 길로 빠져 들어가지도 않고, 왕따도 당하지 않는다. 시대가 어려워질수록 부모는 더더욱 가족을 생각하고 아이를 사랑해야 한다.

우리 절을 '졸업' 한 아이가 자살을 했다는 소식에 나는 가슴이 덜컥 무너져 내렸다. 왜 내가 그 아이를 구해주지 못했을까? 왜 그 아이는 나를 기다려주지 않았을까? 아무리 뉘우쳐도 모자란다.

켄지라는 남자 아이가 있었다. 우리 절에서 두 달 동안 같이 있다가 '졸업'을 시켜 고등학교로 진학했다. 그러나 학교에서 학우한테 심한 폭행을 당했다. 나하고 만나기로 한 날을 이틀 앞두고 그는 혼자 자살을 했다. 왜 내가 더 빨리 달려가지 않았을까? 나는 후회를 하고 또 후회를 했다. 그래서 무엇보다도 빠른 대응이 중요하다고 절실히 느꼈다. 구할 수 있는 목숨이 있다면 한 목숨이라도 더 구하기 위해서.

나는 언제나 달려간다

켄지 아버지는 성형외과 의사로 켄지는 소위 말하는 잘 사는 집 아들이었다. 그런데 중학교 2학년 때 친구들하고 식당에서 돈을 내지 않고 달아나 경찰에 잡혀서 소년감별소로 갔다가 우리 절로 왔다.

우리 절에 와서 두 달 동안 같이 지내면서 켄지는 점점 밝아졌다. 우리 절에서 켄지는 공부 못하는 아이한테 공부를 잘 가르쳐주고, 자신도 또 열심히 공부를 해서 아버지처럼 의사가 되고 싶다고 말했다.

그런데 켄지는 '전력'이 있기 때문에 동네에서 좋은 학교로 진학하기가 어려워 멀리 홋카이도에 있는 명문 사립고등학교에 들어가 기숙사생활을 시작했다. 그리고 거기서 왕따를 당하고 학교를 못 다니게 되었다. 내가 홋카이도까지 가서 담임과 교장을 다 만나 봤지만 쉽게 해결이 안 됐다.

이번에는 엄마가 켄지를 데리고 친정집이 있는 큐슈까지 가서 거기서 다시 학교를 다니게 했다. 그런데 켄지네 집이 잘 산다는 이유로 학우들한테 이것저것 빼앗기고 심한 폭행까지 당했던 것이다. 켄지는 겨우 도망쳐서 집으로 돌아와 엄마와 함께 나를 찾아왔다.

"안 되겠다. 너의 학교로 아저씨가 같이 갈 테니까 걱정하지 마라."

켄지는 고개를 끄덕이며 미소를 지었다.

켄지 학교가 있는 큐슈까지는 차로 가기엔 좀 먼 거리여서 나는 비행기표를 예매했다. 그런데 예약한 날짜의 이틀 전 밤에 켄지한테 전화가 왔다.

"아저씨, 저 무서워요. 학교를 갈 수 없을 것 같아요."

"걱정하지 마, 켄지. 아저씨가 내일 모레 비행기 타고 갈게."

나는 내일 절에서 신도의 제사를 지내고 나서 모레 비행기를 타고 켄지를 보러 가기로 되어있었다.

다음 날, 제사를 마치고 내가 큐슈로 가는 준비를 하고 있는데 켄지 어머니한테 전화가 왔다. 켄지가 자기 방 옷장 속에 숨어서 자살했다는 비보였다.

켄지는 단 하루도 기다릴 수 없을 만큼 급했던 것이다. 그런데 불안해하는 켄지의 마음을 알면서 나는 왜 당장 달려가지 않았을까? 켄지가 하루 더 나를 기다려주었다면 내가 구해줄 수 있었을 텐데….

내가 구하지 못한 목숨이 있었기에 그 후로 나는 더욱 절실해졌다. 한밤중이든 폭풍우 속에서든 나를 간절히 기다리는 아이가 있으면 나는 바로 달려간다. 내 핸드폰은 오늘 밤에도 쉬지 않고 울린다.

남은 사람이 매듭을 져야 할 일

켄지는 왜 자살했을까? 심한 폭행을 당했을 때의 기억이 갑자기 '플래시백' 했던 모양이다. 가족과 함께 저녁을 먹고 자기 방에 올라갔는데 갑자기 들려온 시간을 알리는 시계 소리에 무서운 기억이 되살아나 충동적으로 목을 멘 것이 아닌가라는 추측이다.

켄지의 장례식을 우리 절에서 거행할 때 큐슈에서 교장선생과 담임선생이 왔다. 나는 학교에서 켄지가 당했던 일을 알고 있냐고 따졌더니 그 사실을 알고 인정한다고 대답했다.

이제 어떻게 해야 할까? 켄지는 이제 돌아오지 않지만 남은 가족들의 마음을 어떻게 달래야 할까? 나는 켄지 부모님과 많은 이야기를 나누었다.

가해자 학생은 네 명이었다. 가해자를 상대로 고소를 할 수도 있지만 재판을 하게 되면 7년 아니면 10년이라는 시간이 걸린다. 그 동안 켄지는 편안하게 잠들 수 없을 것이다. 켄지가 저승에서 편안

하게 지내려면 이 세상에서 매듭을 잘 져야 할 텐데….

켄지가 죽은 지 100일이 되는 날을 이틀 앞두고 교장선생한테 전화가 왔다. 나는 100일 행사를 우리 절에서 할 테니 가해 학생을 다 데리고 오라고 이야기했다.

그날 가해 학생 어머니와 담임선생, 교장선생이 우리 절을 찾아왔다. 어머니는 학생이 쓴 편지를 가지고 왔다. "정말 죄송합니다. 저는 오늘 못갑니다."

나는 교장선생한테 호통을 쳤다. 이것이 당신 학교의 교육적 지도냐고. 당장 그 학생들을 여기로 데려오라고. 다리를 부러뜨려서라도 끌고 와야 되는 거 아니냐고. 그러다가 내가 고민 끝에 켄지 아버지하고도 합의한 내용을 이야기했다.

"가해 학생을 고소하지 않겠다. 그러나 세 가지 조건이 있다. 하나, 당장 가해 학생들을 여기로 불러라. 둘, 올해 학교 축제의 주제를 '생명의 존엄'으로 정하고 준비를 해라. 셋, 담임선생은 절대로 학교를 그만두지 마라."

켄지 부모님도 그 제안을 따르겠다고 했다. 학교축제를 통해서 켄지가 살았었다는 증명이 된다면 좋겠다고 켄지 엄마도 수긍했다.

켄지한테는 형과 여동생이 있었다. 켄지는 죽었지만 지금도 켄지 부모님은 켄지네 집이 다섯 식구라고 생각한다. 가족이 하나로 뭉치는 힘이 오히려 켄지를 잃고 나서 더 강해졌다고 한다. 아마도 켄지는 지금 저승에서 우리를 내려다보면서 말하고 있을 것이다. "그 동안 나 때문에 모두가 괴로웠지요? 정말 미안해요."

인생에 있어서 '만남' 만큼 중요한 것이 없다.
사람은 '만남' 을 통해 위로를 받고 성장한다.
혼자 집에 박혀있던 아이가 많은 아이들과 만나
신체적으로도 성장 하듯이. 그리고 부모가 못한 역할을
다른 어른이 대신 해줄 수도 있다.
아이들은 부모만의 소유물이 아니다.
부모는 이 사회에서 아이를 일시적으로 맡아서 키우고
있는 것뿐. 아이의 몸과 마음을 튼튼하게 잘 성장시켜서
이 사회에 돌려보내는 것이 부모의 역할이다.
나는 항상 아이들의 5년 후를 생각하면서,
그때 후회하지 않도록 도움을 주려고 한다.

06

자녀는 부모의 소유물이 아니다

소통을 위해서

교육이란 개개인이 가지고 있는 소질을 이끌어내기 위한 것이다. 내가 우리 절을 찾아온 아이들을 이끌어가는 방법은 하나가 아니라 대하는 사람마다 다 다르다. 똑같이 우리 절에서 지내도 나와 직접적으로 이야기할 기회가 별로 없는 아이도 있다. 그런 아이하고는 핸드폰 문자를 주고받기도 하고, 일기장에 나하고 대화하고 싶은 이야기를 적어서 보여주는 아이도 있다. 어떤 방법이든 그 아이에게 맞는 방법을 찾아 서로 마음을 통하게 하는 것이 나의 교육이다.

불교용어로 말하자면 그것은 '심心과 행行'이다. '심'은 고민, 그리고 '행'은 행위, 즉 만남이다. 사람은 자기 마음속에 있는 고민을 해결하기 위해 누군가를 찾아가 상담을 한다. 대부분의 경우, 그 고민은 한 번의 상담만으로 해결되지 못하고 여러 번의 만남이 이어지고 시간도 오래 걸린다.

어느 학교 교장선생님한테 전화가 왔다. "스님, 학생들이 등교 거부로 학교를 못 다니는 것은 역시 부모의 책임이 크지요?" 나는 그렇다고 대답했다. 부모가 스스로의 문제를 인식하지 못하고 있을 때, 아이들은 위급신호를 보낸다. 거식증이나 폭식증 등 섭식장애에 걸린 아이들을 보면 모두가 잘 못 된 집안 분위기에 영향을 받아 병이 생겼다는 것을 알 수가 있다. 부모가 아이한테 어떻게 대하고 있는가, 그것이 바로 아이에게 영향을 주는 것이다.

마음이 성장하면 신체도 성장

어떤 부모는 이런 말을 한다.

"우리 아이는 이젠 아무도 못 말려요. 차라리 경찰한테 잡혀가야 정신을 차리겠어요."

나는 그런 부모한테 항상 이렇게 말한다.

"집에 가서 엄마 아빠가 함께 아이가 태어났을 때 사진을 꺼내 보세요. 그때 마음으로 다시 돌아가서 아이를 대한다면 아이는 꼭 달라집니다."

아이가 태어났을 때, 우리 집에 태어나줘서 고맙다고 모든 부모가 그렇게 느꼈을 것이다. 부모가 그 마음으로 돌아간다면 아무리 집을 떠나 나쁜 짓을 하고 다니는 아이라도 꼭 부모 품으로 돌아오게 된다.

어느 날 '은둔형 외톨이 히키코모리' 아이가 우리 절을 찾아왔다. 그가 오기 전엔 나하고 전화로 두 번 상담을 했었다. 그는 홋카이도에 사는 모우라는 스물한 살 청년인데, 중학교 1학년부터 스물한 살이 될 때까지 거의 집 밖으로 나가 본 적이 없다고 했다. 그런 아이가 나와 단 두 번의 통화끝에 혼자 우리 절을 찾아온 것이었다.

모우가 도착했을 때 마침 우리 절에서는 어떤 아이의 생일잔치가 열리고 있었다. 모우는 아이들에게 "내 얼굴 보지마! 보면 모두 다 죽여 버린다!"라고 말했다. 그러나 우리 절 아이들은 모두가 아무렇지도 않게 모우를 대했다.

그렇게 사흘이 지나서 모우가 "아저씨, 아저씨!"라고 나를 불렀다. 무슨 일인지 가보니 자기 정강이에 털이 났다는 것이다. 스물한 살짜리 청년이 집에서 혼자 틀어박혀 사는 동안, 몸도 제대로 성장하지 못하고 정강이에 털이 하나도 없었는데, 우리 절에 와서 아이들과 같이 생활하면서 몸과 마음이 성장하기 시작한 것이다. 모우는 그것이 신기하고 기뻐서 나한테 보여준 것이었다.

만남으로 인해 변한 아이들

내 역할은 모우가 자립할 수 있는 길을 찾아주는 것이다. 모우가 앞으로 어떻게 살아가면 좋을까를 생각하면서 나는 모우에게 오늘 저녁을 같이 만들자고 제안했다. 모우는 야채샐러드를 만들겠다고 혼자 열심히 준비를 했다.

우리 절 아이들은 모두가 성장기 아이들이라 밥이랑 반찬이랑 만들면 다 없어지도록 모두가 잘 먹는데 항상 야채샐러드는 남았다. 그런데 그날 모우가 만든 야채샐러드는 인기가 좋아서 다 없어졌다.

"모우야, 너 대단하다! 지금까지 아이들이 이렇게 맛있게 샐러드를 먹은 적이 없었는데, 우리 절 역사상 최초로 샐러드가 바닥났네!"

모우는 이 일을 계기로 요리사가 되기로 결심했다. 중국 식당에 가서 열심히 요리를 배우고 자동차 면허증도 땄다. 이런 것이 바로 '행'이라 할 수가 있다. 모우의 '행'은 많은 아이들과의 만남 새로운 세계와의 만남으로 이어졌다.

'심'과 '행'이 일치할 때 바로 고민의 해결책을 찾을 수 있다. 만남이란 부모와의 만남, 가족과의 만남, 친구와의 만남, 선생님과의 만남, 혹은 운동이나 취미하고의 만남도 있다. 만남을 통해서 우리는 모든 고민을 풀어나갈 수 있는 것이다.

지금 이 시대, 부모와 아이가 함께
배우는 자리가 더욱 절실하다.

부모와 아이가 같이 듣는 강의를

일본 방방곡곡에 강연하러 다니는 나지만 학교에서의 강연은 그리 많지 않다. 나는 학교에서 강의 요청이 오면 꼭 학생과 부모가 같이 들어야 한다는 '조건'을 붙이기 때문이다. 그것이 불가능하면 강연을 안 하겠다고 말한다.

그런데 일본에서는 학교가 주최하는 강연회에 학부모가 참가하는 경우가 드물다. 나는 이것이 바로 문제라고 생각한다. 지금이 시대 부모와 아이가 함께 배우는 자리가 더욱 절실하다.

어쩌다 학교에서 부모 동반으로 강연이 있을 때 나는 꼭 세 가지 숙제를 낸다. 하나는 아이들에게 그날 강연에 대한 감상문을 80자 이내로 쓰세 한다. 그 다음에 집에서 부모와 아이가 강의를 듣고 이야기했던 내용을 부모 입장에서 50자 정도로 쓰게 하고, 다음날 꼭 학교에 제출하도록 요청한다. 이렇게 하는 것이 진지한 의미의 교육 강연회가 아닌가 싶다.

강의 요청이 들어오면 그저 가서 이야기만 하면 된다고 하는 강사들도 있지만, 그것은 강의료를 챙기기 위한 이기적인 강의가 아닌가? 아이들이나 부모에게 꼭 도움이 되었으면 하는 진지한 마음이 있다면, 그저 강의만 하고 끝내면 안 된다고 나는 생각한다.

나는 항상 아이들의 5년 후를 생각하면서 그때 후회하지 않도록 도움을 주려고 한다.

요즘 아이들은 마음의 영양소가 부족한 상태인데, 어떻게 하면 영양보충을 할 수 있을까? 발전 가능성을 가지고 있는 아이들을 어른들이 목숨 걸고 지키려면 어떻게 하면 좋을까? 나는 강의를 나갈 때마다 여러 가지 생각을 하게 된다.

부모가 못한 역할을 다른 어른이 대신 할 수도

아이들은 부모만의 소유물이 아니라고 나는 믿는다. 부모는 이 사회에서 아이를 일시적으로 맡아서 키우고 있는 것일 뿐. 아이의 몸도 마음도 튼튼하게 잘 키우고 많은 경험을 하게 해서 이 사회에 돌려보내는 것이 부모의 역할이 아닌가 싶다. 그러기 위해 부모는 더 많은 사랑을 아이에게 쏟아야 하고 목숨을 걸고 아이를 지키고 키워야 한다.

우리 절에 아카네와 유리라는 자매가 있었다. 아카네는 중학생, 유리는 고등학생인데 집에서 엄마한테 심한 학대를 받아 먹지도 못하고 잠을 자지도 못한 상황이었다.

퍼붓듯이 반복되는 엄마의 욕설, 때리고 발로 차는 폭력, 심지어는 칼을 들이대며 죽인다고 협박하는 엄마로부터 도망쳐 삼촌 집으로 갔는데, 거기서도 역시 밥을 굶었다.

그런데 아카네의 중학교 학년 주임인 시미즈 선생님이 자매의 급한 사정을 가정방문을 통해 알게 되어 우리 절로 데리고 왔다. 시미즈 선생님과의 만남이 아카네와 유리에게 인생을 바꾸는 계기가 되었다.

실은 시미즈 선생님은 학교 아이들을 너무나 열심히 돌봐주는 나머지, 자신의 아이들한테 신경을 쓸 여유가 없어서 아이들이 한때 등교거부를 한 적이 있었는데, 그때 내가 도움을 주고 다시 학교를 다니게 되었다.

부모가 못한 역할을 다른 어른이 대신 해줄 수도 있는 것이다. 역시 인생에서 중요한 것은 '만남'이다.

제 2 장

이럴 때는 어떻게 해?

01. 가정폭력

02. 섭식장애

03. 등교거부

04. 미성년자의 임신

05. 아동학대

06. 은둔형 외톨이

07. 비행

08. 자해

배우자나 애인한테 폭행을 당하는

'가정폭력 (DV=domestic violence)' 피해가 늘고 있다.

폭행을 당하면서 아무에게도 말을 못하고

그저 공포에 시달리면서 사는 사람도 많다.

아빠가 아이는 안 때리고 엄마만 때린다고 해도

그것을 지켜보고 있는 아이의 마음은 멍들고 있다.

주변 사람들의 관심이 가정폭력 피해자를 곤경에서

구할 수 있는 계기가 된다.

01
가정폭력

꾸짖음과 학대는 분명 달라

아이를 키우고 가르칠 때 항상 고민해야 하는 부분이 있다. 바로 아이를 어떤 식으로 꾸짖으면 좋을까 라는 것이다. 나의 경우, 공동체 생활에 필요한 규칙을 어긴 아이가 있으면 바로 그 자리에서 아이를 꾸짖는다. 그러나 한 번 혼내면 그만. 그 감정을 절대 길게 끌지 않는다.

"아이를 때리면 안 된다", "폭력은 절대로 안 된다"라고 하는 사람도 물론 있지만, 실은 아이를 위한 적당한 체벌로 부모의 정을 느낄 수 있는 아이들도 분명히 존재한다. 사실 폭력이나 학대는 자신의 욕구를 만족시키는 짓이며 아이를 힘으로 눌러 억지로 말을 듣게 하는 방법일 뿐이다. 내가 말하는 '꾸짖다' 라는 것은 그런 것이 아니다. 그런데 요즘 그것을 제대로 구분하지 못하는 어른이 많다는 것을 나는 느끼고 있다.

우리 절에는 거의 매일같이 남편이나 가까운 사람한테 폭행을 당하는 '가정폭력' 희생자의 구조를 청하는 전화가 걸려온다. 직장이나 가정 혹은 애인한테 폭행을 당하면서 아무에게도 말을 못하고 그저 공포에 시달리면서 사는 사람이 얼마나 많을까 생각하면 나는 가슴이 아프다.

아빠한테 폭행당하는 엄마를 지켜본 아들의 마음

우리 절에 엄마와 초등학교 5학년인 아들 료타가 피신해 온 것은 2008년 10월이었다. 원인은 료타 아버지의 부인에 대한 심한 폭력이었다.

료타 아버지는 일류대학교 출신으로 대기업 연구소에서 근무하는 장래가 촉망되는 인물이었고, 료타 엄마하고는 같은 직장에서 만나 결혼을 했다.

그런데 언제부터인가 아버지는 료타 눈앞에서 엄마를 때리기 시작했다. 아버지한테 맞은 엄마가 병원에 가면 2주나 3주, 어떨 때는 전치3개월이라는 진단을 받을 정도로 아주 심한 상처를 입었으며, 욕조 물속에 잠기기까지 했다.

그러나 료타 엄마는 아들을 위해서 자기가 혼자 참아야 한다고 생각했을 뿐 오랫동안 아무한테도 의논하지 않았고 주변 사람들 역시 폭행 사실을 눈치채지 못한 채 지냈다.

그러던 어느 날 료타 엄마는 생명의 위협을 느낄 정도의 폭행을 당했다. 이대로 있으면 죽을 수도 있다 싶어서 료타 학교 선생님한테 급히 도움을 청했고 그 선생님으로부터 우리 절을 소개받아 피신해왔던 것이다.

료타는 우리 절에 와서도 한참동안 커튼 뒤에 숨어서 살았다. 혹시 아버지가 쫓아오지 않을까, 아버지한테 엄마가 또 얻어맞지 않을까 해서다. 아직 어린 료타의 가슴은 항상 불안과 긴장이 가득 차 있었던 것이다.

실은 우리 절에 오기 전 이미 료타 엄마는 용기를 내어 지방 법원에 가서 자신이 가정폭력 피해자라고 이야기를 했고, 료타 아버지는 법원으로부터 료타 엄마에게 접근금지 명령을 받았었다. 그런데 문제는 아버지가 그 명령을 절대 따르지 않았다는 데에 있었다. 엄마는 아들 학교 때문에 멀리 이사를 못가고 학교 근처에 방을 얻을 수밖에 없었고, 또한 료타 부모는 여전히 같은 직장을 다녔기 때문에 항상 가까이서 지낼 수밖에 없었다. 아버지는 퇴근시간 회사 정문에서 엄마를 기다리다가 괴롭히기도 하고, 하루에 50번씩이나 전화를 걸어 협박하기도 했다.

상담원한테 받은 '말의 폭력'

그런 상황 속에서 일단 우리 절로 피신한 료타와 엄마는 아직 이혼을 한 상태가 아니기 때문에 료타의 친권이 아버지한테 있었다. 때문에 료타를 우리 절 근처 학교로 전학시키는 절차가 복잡

해서 료타는 몇 달 동안이나 학교를 제대로 못 다녔다. 아이를 전학시키려면 친권자인 아버지의 동의가 필요한데 료타가 다닐 학교를 아버지가 알게 되면 갑자기 학교로 찾아와 료타를 데려가도 학교 측에선 항의를 할 수가 없는 상황이었다.

나는 이 문제를 해결하기 위해 료타 엄마한테 우리 동네 여성상담센터나 시청에 상담하러 가라고 했는데, 료타 엄마는 그곳에서 '말의 폭력'을 당하고 말았다. 상담직원이 무심코 료타 엄마에게도 무슨 문제가 있었던 게 아니냐고 물었는데, 그때 료타 엄마는 가슴이 덜컥 내려앉아 육체적인 폭행만큼 큰 상처를 입었던 것이다. 이런 상황을 '가정폭력의 이차피해'라 부른다.

료타 엄마는 2008년 11월 말, 경찰에 정식으로 가정폭력 피해를 신고했고, 법원에 이혼 소송과 동시에 료타의 친권을 양도 받기 위한 소송을 걸어 결국 2009년 5월에 모두 성사시켰다.

교실로 못 들어가는 료타

료타는 물론 그 동안 학교를 다니고 싶어 했었다. 그래서 우리 동네 교육위원회에 사정 이야기를 하고, 친권이 아직 아버지한테 있지만 아버지 동의 없이 동네 학교를 다닐 수 있게 도와달라고 부탁을 했다.

이야기가 잘 되어 드디어 료타가 우리 동네 학교로 등교하기로 한 그날 료타는 아주 일찍 일어나 아침 6시에 모든 준비를 끝냈다. 나는 료타와 엄마를 데리고 아침에 학교 교장실을 방문했고 담임선생이 와서 료타에게 "자, 우리 반으로 가자"라고 했는데, 료타는 "싫어!"라고 크게 소리를 질렀다.

기다리고 기다리던 학교에 왔는데 료타는 왜 그랬을까? 료타는 순간적으로 아버지가 교실로 찾아올지 모른다는 공포에 휩싸인 것이었다. 어쩔 수 없이 그날은 교실로 가지 않고 그대로 우리 절로 돌아왔다.

그런데 밤이 되니까 료타는 내일은 꼭 교실에 가겠다고 한다. "그래, 내일도 아저씨가 학교에 데려다 줄게. 우리 같이 가자." 그렇게 다짐하고 잠자리에 들었다.

다음날 아침, 어제와 마찬가지로 먼저 교장실에 갔다가 담임선생이 와서 료타에게 교실로 가자고 하자 또 다시 료타는 싫다고 했다. 이번에는 선생님이 무서운 눈으로 료타를 노려봤다는 이유였다. 어제 말을 안 들었던 료타에게 순간적으로 담임이 싫은 표정을 보여주었던 것이다.

엄마에 대한 폭행은 아들에 대한 학대

아버지로부터 폭행을 당했던 이는 엄마만이 아니었다. 얻어맞는 엄마를 보면서 료타 역시 마음의 폭행을 당하고 깊은 상처를 입었던 것이다. 엄마에 대한 폭행은 아들에 대한 학대이기도 했다. 실은 가정폭력 피해자들은 상대방의 표정에 아주 민감한 반응을 보이는 경향이 있다. 또한 어떤 물건이나 상황에 부딪칠 때 순간적으로 무서운 기억이 되살아나 감정 통제가 불가능해지기도 한다.

어느 날 내가 신선한 고등어를 사와 회를 뜨는 것을 보고 료타의 안색이 갑자기 변하고 맨발로 밖으로 뛰쳐나간 적이 있었는데 왜 그런가 했더니, 아버지가 고등어 회를 사온 날 처음으로 엄마가 아버지로부터 얻어맞았다는 것이었다. 가정폭력 피해자들의 마음의 상처는 그만큼 깊다. 그런데 그들의 마음을 학교 선생님이나 상담원들이 얼마만큼 헤아릴 수 있는지 그것이 문제이다.

마음이 다가서는 존재

가정폭력 희생자의 마음 상처는 어떻게 구제 받을 수 있을까? 료타의 경우 새로운 학교의 교감선생님이 료타의 마음을 구해주는 데 큰 역할을 했다.

료타를 우리 동네 학교로 전학시키기 위해 교장선생님, 담임선생님과 같이 이야기하고 있을 때 교감선생님이 교장실로 들어왔다. 그리고 료타가 교실로 가기 싫어한다는 이야기를 듣고 이렇게 말했다.

"료타는 오늘 자기 반에 가기 싫구나. 그럼, 교감선생님과 같이 운동장에 나가서 좀 걸어볼까?"

료타는 그 말에 바로 응했다. 나는 창문을 통해서 교감선생님과 료타가 걷는 모습을 지켜보았다. 교감선생님은 료타의 발걸음에 맞추어 천천히 운동장을 걸었다. 둘은 마치 숨을 내쉬고 들이쉬는 속도까지 맞추는 듯했다.

"료타는 무슨 걱정이 있는 거야?"

"엄마 소송이 잘 해결될까 걱정이에요. 그리고 혹시 아빠가 갑자기 여기 올까봐 무서워요."

"여기는 괜찮다. 걱정 하지 마."

"정말 이에요?"

"그래, 정말이지."

교감선생님과 료타는 그런 이야기를 하면서 걸었다고 한다. 그리고 운동장을 두 바퀴 정도 걸었을 때 료타는 말했다. "교감선생님, 저 교실에 가겠어요."

어른이 아이의 마음에 다가가서 아이의 마음이 움직이는 속도에 맞추어 지켜보는 것, 이것이 바로 교육이고 아이를 키우는 기본자세가 아닐까? 료타의 마음에 다가간 교감선생이 있었기에 료타는 그날부터 빠짐없이 학교를 다닐 수 있게 되었다.

이제 료타는 학교를 다님으로써 친구를 사귈 수가 있다. 친구란 서로 마음이 맞는 존재이기도 하고, 서로 마음으로 다가서는 존재이기도 하다.

만약 료타가 그 전에 다녔던 학교에서 아버지의 가정폭력으로 고통을 받고 있을 때 친구들이 "요새 왜 기운이 없어?", "무언가 고민이라도 있어?"라고 말이라도 걸었더라면 료타는 조금 더 빨리 아버지의 폭력에서 벗어날 수도 있었을 것이다.

만약 료타 엄마의 직장 동료들이 료타 엄마에 대해 좀 더 관심을 가지거나 료타 아버지의 행동에 무언가를 느끼고 말을 걸었더라면 상황이 좀 더 달라지지 않았을까?

가정폭력 피해자들이 자신의 상처를 감추고 주변 사람들과 담을 쌓을수록 피해는 더 심각해지고 상황은 더욱 어려워진다.

고민을 들어주는 친구가 있다는 것은 아주 중요한 일이다.

길은 꼭 열린다

"요새 왜 그래?" 그 한 마디를 듣고, "실은 요새 좀 힘든 일이 있어" 라고 대답하는 인간관계야 말로 '삼보의 거리'다. 상대방에게 다가서는 마음이 바로 곤경에 빠진 이웃을 구하는 열쇠가 된다.

내 스스로가 이런 마음가짐으로 이웃과 사귄다면 내 아이의 문제나 내 가정 문제 혹은 아이의 왕따 문제 등에서 내 가족을 지킬 수가 있고, 내가 다른 아이나 가족들을 도울 수도 있는 것이다.

사람은 힘들 때마다 "왜 내가 이 세상에 태어났을까?"라는 의문을 가지게 된다. 그런데 내가 인간으로 이 세상에 태어난 것은 마치 범천梵天에서 부처님이 길고 긴 명주실을 늘어뜨리고 그 실 끝에 달린 바늘구멍에다가 실을 꿸 정도로 아주 기적적인 확률이었다고 생각한다면 우리의 생명이 얼마나 소중한지 실감할 수 있을 것이다.

우리는 서로가 그렇게 태어난 존재들이다. 그래서 나는 항상 이런 말을 한다. "우리는 아주 소중한 인간으로 이 세상에 태어났으니 내 목숨을 아주 소중히 여기고 살아야 한다."

우리는 하루하루를 소중하게 여겨 즐겁게 살고 어려운 일에서 도망치지 말고 현실과 맞서는 용기를 가져야 한다. 내가 항상 아이들에게 "절대 도망치지 마라. 도망치면 꼭 쫓기게 된다"라고 가르치는 것도 그런 이유 때문이다.

료타도 료타 엄마도 마음의 후원자를 얻고 현실과 맞서서 새로운 길을 찾을 수가 있었다. 어려운 현실에 한 발 더 내딛고 맞서면 꼭 길은 열린다. 그렇게 해서 하나하나 내 문제를 풀어나가는 삶이야말로 인간으로 이 세상에 태어난 보람이 아닌가 싶다.

우리 서로가 이 세상에 태어난 것에 감사를 하고 인연이 있어서 이렇게 만나게 된 것을 감사하게 여기며 살았으면 한다.

섭식장애란 과다한 폭식이나 거식을 반복하면서

건강을 해치는 증상이다.

충동적으로 막 먹어대는 행위를 억제할 수 없는가 하면,

먹은 것을 모두 토해버리기도 한다.

섭식장애는 몸을 혹사하여 건강을 해치고

때로는 목숨마저 앗아간다.

섭식장애자들이 갈망하는 것은 도대체 무엇인가?

02
섭식장애

몸무게가 겨우 28킬로였던 아유미

섭식장애란 음식섭취에 관한 장애이며 괴디힌 폭식이나 거식을 반복하면서 건강을 해치는 증상을 말한다.

섭식장애로 괴로워하는 스물여섯 살 아유미가 우리 절을 찾아왔을 때, 절 입구에 있는 30개 계단을 자기 힘으로 올라갈 체력마저 없었다. 아유미의 몸무게는 겨우 28킬로그램. 음식을 먹고서 바로 토하기 위해 손가락을 입 속 깊이 집어넣기 때문에 손가락과 손바닥 사이엔 굳은살이 박혀있었다.

일단 나는 아유미를 일주일 동안 우리 절에 있게 했다. 식사시간에는 아유미 나름대로의 속도로 아침은 1시간, 저녁은 2시간에 걸쳐 천천히 먹게 했다. 그리고 잠 잘 때는 머리에 얼음찜질을 하며 평온하게 잠 들 수 있도록 해주었다. 첫날밤엔 역시 먹은 것을 토해버렸지만, 이틀 날부터는 토하지 않고 조금씩 먹는 양도 늘어났다.

일주일 후, 아유미의 몸무게가 3킬로그램이 올랐다. 나는 아유미에게 이제 집으로 돌아가서 매일 몸무게를 재보고 기록하라고 시켰다. 며칠 지나서 확인해보니, 아유미의 몸무게는 조금씩 늘어나긴 했는데, 토한 날이 두 번 있었다. 자세히 이야기를 들어보니 그날은 아버지의 일이 잘 안 되었던 날이라는 사실을 알 수가 있었다.

아빠가 만든 주먹밥을 먹고 싶어요

아유미의 집은 부모님과 여동생이 둘이 있는 다섯 식구다. 아버지는 소규모 건설회사를 운영했는데 경기가 안 좋아 아유미가 중학교 때 회사는 부도가 나고 말았다.

한편 어머니는 커피숍을 경영하고 있었는데 가게는 잘 되고 있었다. 아버지는 취업도 안 되고 어머니의 눈치를 보면서 살았고 부부 사이는 점점 멀어져가고 있을 무렵 아유미의 섭식장애가 시작되었던 것이다.

맏딸인 아유미는 책임감이 강하고 뭐든지 열심히 노력하는 스타일이었기 때문에 부모의 상황에 더 영향을 받았던 것 같다.

과식과 거식을 반복하면서도 아유미는 열심히 공부해서 간호사와 보육교사 자격증을 땄다. 그러나 아무리 공부를 해서 성과를 얻어도 아유미의 마음은 항상 비어있었다. 아유미는 초라해 보이는 아버지의 모습이 싫었고 집안 중심에 아버지가 계셨으면 하는 기대감을 가지고 있었던 것이다.

얼마가 지나 다시 아유미가 우리 절에 왔다. 이번엔 3개월이라고 아유미의 가족들 하고도 미리 약속을 하고 있었다.

아유미는 우리 절에 와서 처음에는 밤중에 냉장고를 열어 있는 대로 다 먹으려고 했다. 나는 그런 아유미를 보고 "괜찮다, 괜찮다"하며 꼭 안아주었다. 아유미한테 무엇이 가장 먹고 싶냐고 물어보니, 아유미는 아버지가 만든 주먹밥을 먹고 싶다고 했다.

아유미가 절실히 필요로 하고 있었던 것은 아버지의 사랑이었다.

섭식장애 아이들의 특징

3개월 동안 우리 절에서 생활하고 다시 집으로 돌아간 아유미에게 큰 변화가 찾아왔다. 집에서 놀고 있던 아버지가 드디어 취직을 하게 된 것이다. 다시 사회에 나가 활동하기 시작한 아버지를 보면서 아유미도 섭식장애 증상을 극복하고 건강을 되찾을 수 있었다. 자신감이 넘친 아버지의 모습이야말로 아유미에게 있어서 최고의 특효약이었던 것이다.

섭식장애 아이들을 보면 책임감이 강하고, 생활능력이 있고, 감수성이 풍부한 아이들이 대부분이다. 아유미도 마찬가지이다. 부모의 눈치를 보며 집의 경제상태에 항상 신경을 쓰고,

섭식장애 아이들을 보면
책임감이 강하고, 생활능력이 있고,
감수성이 풍부한 아이들이 대부분이다.

섭식장애 때문에 괴로워하면서도 취업을 하고, 혼자 몇 백만 엔이나 돈을 모으고 있었다. 어머니가 경영하는 커피숍이 점점 어려워지는 것을 보고 아유미는 동생들 학비는 언니가 책임져야 된다고 생각했기 때문이다.

엄마가 아빠의 고립을 막아야

여기서 아유미의 가족을 다시 살펴보기로 하자.

아유미네 집 식구는 남자가 하나 여자가 넷이다. 하나 뿐인 남자인 아버지는 그렇지 않아도 '마음에 설 자리'가 없어지기 쉽다. 엄마와 아버지 사이가 멀어져가면서 아버지는 점점 딸하고의 거리도 멀어져 집안에서 고립된 존재가 되어버렸다.

아버지의 고립을 막기 위해서는 평상시 어머니의 노력이 필요하다. 어머니는 아이들이 어릴 때부터 아버지의 존재감을 강조해야 한다. 예를 들어 아이가 무언가 사달라고 하면 "그럼, 엄마와 함께 아빠한테 부탁을 드리자"라고 하며, 항상 아버지의 존재감을 아이의 마음에 새겨두어야 한다. 아버지의 고립을 막는 것이 바로 집안을 화목하게 유지하는 비결이기 때문이다.

또한 어머니의 마음이 바로 아이에게 영향을 준다는 사실도 잊어서는 안 된다. 집안 분위기가 안 좋으면 아이는 꼭 무서운 꿈을 꾸게 된다. 특히 어머니의 마음이 아이의 꿈에 바로 나타나기도 한다.

그러니까 부모는 아침에 일어나자마자 아이의 목소리나 표정을 꼭 살펴야 한다. 혹시 어두운 기색이 보이면 바로 “무슨 일이 있었어?”라고 물어보고 아이의 마음에 다가서는 노력을 해야 한다. 어릴 때부터의 그런 습관이 사춘기가 된 아이들의 행동에 나타나게 된다.

정신적 고통 극복하면 육체적 고통도 없어져

정신적인 고통을 극복하면 신체적인 성장이 나타난다. 아유미는 몇 년 동안 없었던 생리가 다시 찾아왔다.

아유미가 우리 절을 졸업하는 날 나는 아유미 부모님께 “아유미, 고맙다”라고 종이에다 크게 쓰라고 권유했다.

아유미가 자신들의 딸로 있어줘서 고맙다는 마음을 전달하라는 것이다.

그 종이를 본 순간 아유미는 울면서 아빠 엄마 품으로 안겼다. 아유미의 부모님 역시 울면서 아유미를 꽉 껴안았다.

지금 아유미는 큰 유치원에서 간호사로 열심히 일하고 있다. 몸의 건강을 되찾고, 지금 생활이 보람이 있고 즐겁다고 한다. 아유미가 지난 번 나한테 문자를 보내왔다.

“아저씨, 여기 아이들 지켜보고 있으면 너무 귀여워요. 나도 빨리 좋은 남자 만나서 결혼하고 싶네요.”

배가 아프다. 머리가 아프다. 열이 난다.

등교시간만 되면 어디가 불편하다고 호소하며

학교에 안 가려고 하는 아이들이 있다.

부모는 그저 "학교가 나쁘다", "친구가 나쁘다"라고만

하는데, 자신의 모습을 다시 뒤돌아볼 필요가 있지 않을까?

아이의 등교거부 원인이 집안에 있을 수도 있다.

부모는 아이의 5년 후, 10년 후를 생각해서

하루 빨리 아이가 학교에 갈 수 있도록 도와줘야 한다.

03
등교거부

엄마가 우는 모습에 충격 받아 등교거부가 된 아들

중학교 2학년인 다카시는 3년 반 동안 학교를 못 갔다고 나에게 이야기했다. 다카시는 인터넷으로 나를 검색하고 내 강연회에 찾아왔던 것이다.

나는 다카시의 이야기를 들으면서 먼저 다카시가 학교를 못 가게 된 원인을 알아보기로 했다.

다카시는 할머니 할아버지와 부모님 다섯 식구의 외아들이었다. 초등학교 5학년이었을 때 다카시는 엄마가 부엌에서 혼자 우는 모습을 목격했다. 시어머니의 꾸지람 때문에 엄마가 울고 있었던 것이다. 그때 다카시는 "내가 엄마를 지켜줘야 되겠다"라고 생각했다. 그런데 다카시는 다음 날부터 학교는커녕 밖에 나갈 수도 없게 되었다고 한다.

식구들은 그런 다카시의 마음을 아무도 모르고 있었다. 특히 시어머니는 "우리 며느리가 손자를 제대로 가르치지 못하는 구나" 하면서 더욱 며느리에게 심하게 대하다 보니 집안 분위기는 항상 긴장감이 가득 차 있었다고 한다.

엄마와 시어머니의 마음의 거리를 좁히자

나는 다카시의 가족을 만나보고 그들의 이야기를 들었다. 그리고 먼저 가족들에게 다카시가 학교를 다니지 않게 된 이유를 말했다.

나는 다카시 엄마에게 "이 세상에서 다카시 엄마가 가장 소중히 여기는 아들을 만날 수 있었던 것은 어머님이 계셨기 때문이다"라고 설명했다. 그 다음에 다카시 할머니한테 "이젠 집안일을 아들 부부한테 맡길 때가 온 것이 아닙니까?"라고 이야기했다.

다카시 엄마는 그 동안 집에 모셔진 조상 위패나 불상에 한 번도 손을 대 본 적이 없었고 집안 행사를 도맡아 해 본 적도 없었다고 한다. 다카시 엄마는 집안일을 모두 자기 뜻대로 진행해야 된다고 생각하는 시어머니한테 항상 조심하느라 그랬던 것이다.

나는 다카시 엄마한테 "시어머님께 우리 집 조상님을 모시는 방법이나 제사 절차를 가르쳐달라고 부탁해보십시오"라고 제안했다. 집집마다 까다로운 관습이 있는 경우 그 절차부터 제대로 배우는 것이 며느리의 역할이기 때문이다. 그러면 시어머니도 "이젠 며느리에게 일을 맡겨도 걱정이 없겠구나"라는 안도감이 생긴다.

다카시 엄마가 시어머니한테 한 발 더 다가서면서 그 후에 집안 분위기는 점점 좋아지고 결국 다카시의 등교거부 문제도 해결이 되었다.

'학급붕괴'로 등교거부가 된 담임교사

학교를 못 가서 곤경에 빠진 사람은 학생뿐이 아니다. 학교 선생님한테도 등교거부 증상이 생긴다.

어느 날 내가 잘 아는 학교 교장선생님이 젊은 교사 두 명을 데리고 우리 절을 찾아왔다. 교장선생님은 우리 집 현관에서 바로 무릎 꿇고 절을 하면서 "스님, 이 교사들한테 빨리 아이들 웃는 얼굴을 보여주고 싶습니다. 제발 이들을 여기서 맡아주십시오"라고 하는 것이다. 들어보니 그 교사들이 담임을 맡은 반이 '학급붕괴' 문제가 생겨서 그 뒷 처리로 정신적으로 심한 스트레스를 받아 학교를 못 가게 되었다고 한다.

나는 교장선생님의 "빨리 이들에게 아이들 웃는 얼굴을 보여주고 싶다"라는 말에 감격해서 두 선생을 바로 우리 절로 오게 했고 우리 절에서의 공동생활이 시작되었다.

한 교사는 내가 매일 아침 학교로 같이 등교한 지 1주일이 지나자 이젠 혼자 학교를 다닐 수 있겠다고 말을 해 집으로 돌아갔다. 그런데 또 한 사람은 전혀 학교로 돌아갈 기미가 안보였다. 우리 절에 온 지 10일째가 되던 날 나는 물어봤다.

"선생님은 마음의 후원자가 누구인가요?"

"우리 고향에 계시는 부모님입니다. 그렇게 힘들면 일을 그만 두고 내려오라고 연락이 옵니다."

"그거는 아니지요. 선생님의 후원자는 선생님의 반 아이들이 아닙니까?"

내 말을 듣는 순간 그 선생님은 갑자기 울음을 터뜨렸다. 그 동안 자기 반 아이들한테서 도망치려고 했던 스스로의 마음을 깨달았던 것이다.

하루 빨리 다시 학교로 보내는 노력 필요

늘 같이 사는 식구들끼리라도 서로 커뮤니케이션 부족으로 오해가 생길 수 있으며 어린 아이들은 거기서 마음의 상처를 받을 수도 있다. 가족이 화목하게 지내는 모습이 아이에게 안심을 줄 수가 있고 그래야 아이의 마음이 제대로 성장한다.

그런 의미에서 나는 '가족행사'를 만드는 것을 제안한다. 한 달에 한 번은 가족이 나가서 외식을 한다든지 아니면 가족의 생일이나 기념일에는 꼭 같이 나가서 맛있는 것을 먹는다든지 말이다.

바쁜 나날을 보내고 있으면 서로에 대한 감사의 마음을 잊고 불만이 쌓이기 마련이다. 특히 엄마 아빠의 화목한 모습은 아이의 마음을 따뜻하게 만들어준다. 부모가 서로를 아끼고 배려하는 모습을 보면서 아이는 스스로가 이 가정에 태어난 것에 대해 안심을 하는 것이다.

부모는 아이의 모습을 항상 지켜보면서 아이가 보내는 작은 신호를 놓치지 말아야 한다. 앞에 소개한 다카시의 경우도 가족들이 다카시의 변화를 더 일찍 받아들였더라면 다카시의 등교거부가 3년 반이나 계속되지는 않았을 것이다. 부모는 항상 아이의 이야기를 '나중에' 가 아니라 '지금 바로' 들어주도록 하자.

학교는 아이들이 장래의 목표를 찾기 위해 중요한 곳이다. 등교거부가 된 아이들을 하루 빨리 다시 학교로 보내서 즐거운 학교생활을 할 수 있도록 가족들의 노력이 필요하다.

아침에는 항상 밝은 목소리로 "잘 다녀오라"고 이이를 웃는 얼굴로 보내야 한다. 만약 아이에게서 학교를 가기 싫어하는 기색이 보이면 부모가 학교 정문까지 같이 가서 아이 손을 꽉 잡아주고 "엄마가 집에서 기다리고 있을 테니 잘 갔다 오라"고 말해주고, 단 한 시간이라도 학교를 다니게끔 도와주는 것이 좋다.

학교 선생님도 등교거부가 되는 아이에게 관심을 가져야 한다. 남들보다 더 섬세한 마음을 가진 어린 아이들이 그 작은 몸으로 열심히 노력하는 모습을 잘 지켜보고 있어야 한다. 그리고 아이가 어릴수록 부모는 아이의 후원자로서의 역할을 당당히 해야 한다. 아이가 성장하면 부모가 아닌 주변 사람들이 아이의 후원자가 될 수도 있다.

가정의 따스함이 필요한 것은 어린이나 어른이나 다 마찬가지지만, 특히 어린 아이한테는 가정에서의 충분한 안정감이 앞으로 성장해 나갈 때 꼭 필요한 요소이다.

학교 안 간다고 문제 해결 안 돼

나는 가끔 학교에 나가서 학생들한테 강연을 하는데 어느 날 중학교 2학년 반에서 강연을 할 기회가 있었다. 교실에 들어가기 전에 나는 40명 학생이 있는 그 반에서 세 명이 학교에 나오지 않는다는 이야기를 들었다. 그래서 교장선생님한테 그날 수업은 교실에서 10분만 하고 나머지 시간은 아이들을 데리고 밖에 나갈 테니 허락해 달라고 말했다.

그날 37명의 학생을 데리고 어디로 갔을까? 나는 아무 예고 없이 학교에 나오지 않는 학생의 집을 찾아갔던 것이다.

요즘 학교마다 상담선생님이 있어서 아이의 등교거부 등 문제가 생길 때 엄마들이 와서 상담을 하기도 하는데, 거의 대부분의 상담선생님이 하는 말은 "아이가 학교 가기 싫다고 하면 억지로 가게 하지 말고 좀 지켜봅시다"라고 한다. 그리고 엄마는 보통 그 말을 그대로 듣는다. 그러다가 아버지가 학교 가라고 큰소리라도 치면 당장 부부싸움이 일어나기 마련이다.

학교를 가기 싫어하는 아이들은 처음 며칠만 학교를 안 가면 일단 마음의 안정을 되찾는다. "학교를 안 보내도 된다"라는 상담선생님의 말은 근본적인 해결책이 아니라고 나는 본다. 아이가 학교를 며칠 쉬었으면 문제는 그때부터다. 바로 그때 아이가 다시 학교를 갈 수 있도록 주변 사람들의 도움이 필요하다.

학교는 모든 아이가 꼭 가야 하는 곳이다. 현재만 보는 것이 아니라 그 아이의 5년 후, 10년 후를 생각한다면 반드시 현실을 이겨내고 가야 되는 곳이다. 만약 지금은 학교를 안 가도 된다고 치자. 그럼 사회에 나가서 직장이나 결혼 생활은 어떤가? 싫다고 해서 도중하차는 못할 것이다. 학교에 가면 큰 장애물들이 기다리고 있을 거라고 해서 학교만 안 가면 문제가 해결되리라고 생각하면 안 된다.

함께 입학한 친구들하고 함께 졸업하는 것이 아이들 인생에 있어서도 매우 중요한 일이다. 사람이란 좋을 때도 있고 나쁠 때도 있기 마련인데 학창 시절에 어려운 시기를 같이 보냈던 친구가 있다는 것은 그 후의 인생에 아주 큰 재산이 되는 게 틀림없다.

친구의 역할, 학교의 역할

내가 같은 반 아이들을 데리고 찾았던 등교를 거부한 아이들은 과연 어떤 반응을 보였을까? 한 아이는 너무나 놀라서 자기 집 2층 방으로 도망가버렸고, 한 아이는 자기 방 장롱 속에 숨어버렸다. 그리고 또 한 아이는 친구들 모습을 보니 너무나 반가워하는 표정이었다.

다음날 아침 같은 반 37명 학생이 모두 여섯 시 반에 학교로 모여 세 명의 등교거부 학생 집을 다니면서 학교로 데리고 왔다. 그날부터 세 명은 매일 학교에 나오기 시작했다고 들었다. 이것이 바로 진정한 친구들 모습이 아닌가.

우리 주변에도 학교생활을 힘들어하는 아이가 있을 것이다. 만약 자기 반에 그런 아이가 있으면 누군가가 "왜 그래?", "뭔가 안 좋은 일이 있어?" 라고 말을 걸면 그런 관심만으로도 문제가 해결 될 수도 있다.

마음의 성장이 바로 신체 성장으로

우리 절에 온 남자 아이 중엔 한두 달 사이에 키가 부쩍 크는 아이가 있다.

중학교 2학년 때부터 등교거부로 4개월 동안 학교를 못 간 켄시로는 우리 절에서 2주 동안 지내고 나서 다시 학교를 다니기 시작했는데, 그 후 한 달도 안 되는 사이에 키가 8센티미터씩이나 커버렸다. 등교거부로 인해 그 동안 멈춰 있었던 신체성장이 회복되었던 것이다.

켄시로가 등교거부를 했을 때, 학교 쪽에서 무리하게 학교를 보내지 말고 집에서도 가급적이면 학교 이야기를 하지 말라고 지도 받았다고 한다. 그런데 부모나 학교 선생님이 그런 식으로 마음을 쓰는 것이 과연 옳은 일일까? 아이들은 아이들끼리 부딪치면서 몸과 마음이 성장해 가는 것이 아닌가? 그것을 "안 가도 좋다"라고 막을 권리가 누구에게 있다는 말인가?

초등학교 5학년부터 중학교 3학년 9월 1일까지 등교거부로 학교를 못 갔던 유스케의 경우 9월 1일 부모가 그를 밧줄로 잘끈 동여메고 우리 절로 데리고 왔다. 그 동안 부모는 유스케를 데리고 이 병원, 저 병원 다녔지만 도저히 효과가 없었다고 했다. 그런데 그날 저녁 나와 한참 이야기를 하고 나서 유스케는 그 다음 날부터 학교를 다시 다니기 시작했다. 유스케는 우리 절에서 지내는 3개월 동안 키가 12센티미터나 컸다.

등교거부 아이들을 보면 여러 가지 증상이 있다. 배가 아프거나 머리가 아프고 열이 나는 아이도 있다. 유스케의 경우 온몸이 마치 철봉처럼 굳어서 움직이지를 못했다. 엄마가 유스케를 차에 태우고 학교 교문까지 가면 벌써 유스케의 몸은 굳어버리고 한 발도 못 움직이는 상태가 되어버렸다.

나는 그런 유스케를 차에 태우고 역시 교문까지 갔다가 유스케를 꼭 안아주고 악수를 하며 "잘 다녀와"라고 말했더니 유스케는 아무렇지도 않게 학교로 들어갈 수가 있었다.

유스케는 지금 대학 4학년이다. 그는 이렇게 말한다.

"내가 등교거부 할 때 부모님도 학교 선생님도 나를 구해주지 못했어요. 나는 꼭 교사가 되어 등교거부로 괴로워하는 아이들을 구해주고 싶어요."

아직 어린 딸이 임신을 했다면 부모는 어떻게 해야 할까?

뱃속의 생명은 또 어떻게 해야 할까?

내가 종교인으로서 가장 고민이 되는 부분이기도 하다.

어린 나이에 임신을 해서 결혼하는 아이들을 보면서

나는 진지한 만남의 의미에 대해 생각하게 된다.

아이들은 가족의 따뜻한 정을 느끼며 성장할 권리가

있으며 그 힘으로 세상을 살아나갈 수가 있다.

결국 가족간의 유대관계가 좋은 만남으로 이어진다고

나는 확신한다.

04

미성년자의 임신

태어날 아이에게 행복한 가정환경을 만들 수 있나

두 달 전 우리 절에 열일곱 살인 아이 엄마와 9개월짜리 미우라는 아이가 함께 왔다. 일본의 최남단 섬인 오키나와의 여성지원센터에서 연락을 받아 나는 아이와 젊은 엄마를 우리 절로 받아들였다.

미우 엄마는 열여섯 살에 임신을 했을 때 주변 사람들 모두가 반대했는데도 불구하고 결혼해서 아이를 낳겠다고 결심했다. 결혼해서 몇 달 동안은 사이좋게 지냈는데 갑자기 아이 아빠가 엄마를 때리기 시작했다.

미우 엄마는 날마다 이어지는 남편의 폭행에 못 이겨 아이와 함께 여성지원센터로 피신했다. 우리 절에 왔을 때 미우엄마는 온몸에 멍이 들어 있었고, 미우의 허벅다리도 새파랗게 멍들어 있었다.

어린 나이에 임신하고 결혼하는 아이들을 보면서 나는 '진지한 만남의 의미'에 대해 생각하게 된다. 젊은 날에 불같은 사랑이 정말 인생에 있어서 '진지한 만남'일까? 당사자들은 그 만남을 평생 소중하게 여겨 잘 살 수 있을까? 그리고 새로 태어나는 생명은 과연 행복하게 자랄 수 있을까?

미우 엄마한테 나는 이렇게 말했다. 자신의 뱃속에 생긴 생명을 지키고 싶다는 건 참으로 훌륭한 생각이다. 그러나 너희들의 결혼이라는 선택은 잘 못했던 것이다. 부모는 아이를 위해 행복한 가정환경을 만들어 줘야 하는데 너희들은 그렇지 못했다. 다만 미우와 미우 엄마와의 만남은 이 세상에서 아주 소중한 것이며 미우를 낳게 된 것은 미우 아빠가 있었기 때문이다. 그러니까 미우 아빠하고 헤어지더라도 미우를 위해 아빠를 미워해선 안 된다고.

뱃속에 있을 땐 아직 생명이 아니다?

나는 종교인으로서 뱃속에 있는 아이의 생명도 소중하다고 생각한다. 그래서 아직 어린 아이들이 임신 출산하는 것을 지켜보면서 참으로 복잡한 생각이 든다.

몇 년 전에 나는 우리 동네 산부인과 의사선생님과 두 시간 동안 격론을 벌이다가 서로 의견이 안 맞아 헤어진 적이 있었다.

산부인과 의사인 수즈무라 선생은 아이가 뱃속에 있을 때는 아직 생명이 아니라고 주장하는 분이다. 산모가 양수검사를 받으면 뱃속의 아기에게 선천적인 장애가 있는지에 대해서 미리 알 수가 있는데 그 장애를 미리 알았을 때 낳을 것이냐 말 것이냐 고민을 하게 되면 수즈무라 선생은 낳지 말라고 조언을 한다. 본인도 고생하고 가족도 고생하니 이것을 평생 문제라고 생각하면 낳지 않는 것이 옳다고 한다.

수즈무라 선생은 또한 임신한 젊은이한테 낙태수술을 하면서 난잡스러운 성행위는 절대로 안 된다고 타이른다. 수즈무라 선생은 고등학교에서 성교육 강의도 하고 있는데 학생들한테 꼭 콘돔을 사용하라고 이야기한다. 이미 중학생의 20프로가 성경험이 있다고 조사된 일본 상황을 생각할 때 수즈무라 선생의 주장도 일리가 있다고 나는 생각한다.

미성년자의 출산이 이미 심각한 수준

불자인 나는 ≪부모은중경 父母恩重經≫에 있는 〈회태수호은 懷胎守護恩〉에서 잉태했을 때부터 열 달 동안 온갖 고뇌나 고생을 마다하지 않고 아이를 낳는 부모의 마음을 알고 뱃속의 아이도 이미 소중한 생명이라고 믿는 자다.

그러나 미성년자의 출산이 심각한 수위에 오르고 있는 요즘, 미성년자의 결혼 중 90프로 이상이 파탄이 된다는 수즈무라 선생의 말을 들으면 '때가 아닌 출산'을 막아야 하는 경우도 있다는 생각도 든다.

佛說父母恩重經

佛說父母恩重經

중학교 3학년인 여학생이 부모와 함께 우리 절을 찾아왔던 적이 있었다. 학생은 임신 3개월이었다. 학생은 아기를 낳겠다고 하는데 어머니는 절대로 안 된다고 반대하고 아버지는 "딸이 원한다면 그렇게 해주고 싶다"고 말했다.

내가 아기 아빠는 어디에 있냐고 물었더니, 지금 소년원에 있다고 한다. 나는 이렇게 제안했다. 뱃속의 아기가 태어날 때 아기 아빠 엄마가 같이 축복을 할 수 있는 환경을 만들 수 있을까? 혹시 아기가 태어날 때부터 아빠 없이 살아야만 한다면 그것 또한 아기에 대한 부모의 죄가 아닌가? 그리고 태어난 아기로 인해 학생 본인도 부모님도 평생 고통을 받아야 된다면 그들의 인권은 누가 보장해줄 수가 있을까? 지금은 때가 아닐 수도 있다. 태어난 아이가 "아빠, 엄마, 나를 낳아주셔서 정말 고마워요!"라고 당당히 할 수 있을 때, 정말 축복 받고 아이가 태어날 수 있을 때 아이를 낳으면 어떨까?

결국 중학생은 낙태수술을 받기로 결심하고 우리는 같이 수즈무라 선생을 찾아갔다. 학생이 수술을 받고 나와 마취가 풀려서 아파했을 때 어머니는 눈물을 흘리면서 딸의 등을 문질러주었다. 그때 아버지가 참았던 울음을 터뜨렸다.

"미안하다. 아버지가 더 일찍 알았더라면 이런 고통을 받지 않아도 되었을 텐데 정말 미안하다!"

세 식구가 껴안고 우는 장면을 보면서 나는 살며시 방을 나왔다. 이제 이 가족은 괜찮을 것이라고 확신하면서.

아직 어린 딸이 임신을 했다면 부모는 어떻게 해야 할까?

뱃속의 생명은 또 어떻게 해야 할까?

내가 종교인으로서 가장 고민이 되는 부분이기도 하다.

아이는 따뜻한 정을 느끼며 성장할 권리가 있다

나는 학생을 데리고 온 아버지가 "딸이 원한다면…"이라고 출산에 동의한 것은 정말 딸을 생각해서가 아니라 그저 딸에게 못 이겨서 그랬던 것이 아닌가 생각했다. 정말 딸의 장래를 생각했다면 그렇게 말할 수 있을까 의심스러웠다.

아버지는 고통 받는 딸의 모습을 보고 진심을 토로했고 딸은 그제야 부모의 깊은 사랑을 느낄 수 있었던 것이다.

그 후 학생은 다시 학교를 다니기 시작했다. 그리고 자기 반에서 등교거부로 학교에 안 나오는 학생 집을 찾아가 같이 학교를 가자고 끌고 나오기도 했다. 그렇게 해서 두 명의 등교거부 학생들이 무사히 중학교를 졸업할 수가 있었다.

학생은 뱃속의 아기를 살릴 수 없었지만, 그 대신 친구를 살린 셈이다. 부모의 사랑을 느끼고 학생의 마음도 성장하여 이젠 남을 위해서 마음을 쓸 수 있는 사람으로 성장해 나갔던 것이다.

학생한테는 앞으로 정말 좋은 만남이 있을 것이다. 그때 진심으로 축복을 받아 아이를 낳으면, 태어나지 못했던 아이의 몫까지 사랑해주면 된다.

미혼모의 출산, 이혼과 재혼으로 인해 양부모한테 학대를 받으며 자라는 아이들이 많아지면서 가슴 아픈 사건이 점점 더 생긴다. 그런 보도를 볼 때마다 나는 몇 년 전에 수즈무라 선생과 말다툼했을 때 그때의 내 생각을 조금씩 바꾸기도 한다.

"생명은 소중하지만 먼저 이 세상에 살고 있는 생명부터 생각해 보자"고 말이다. 따뜻한 가정환경을 만들 수만 있다면 나이가 어려도 아이를 낳아 키우면 된다. 그러나 그런 환경을 만들 수가 없다면 오히려 태어난 아이에게 큰 짐을 짊어지게 하고 아동학대로 이어지는 길이 될지 모른다고 생각해 상황에 따라 낙태를 권하기도 한다.

아이들에게는 가족간의 유대관계는 정말 중요하다. 아이들은 가족의 따뜻한 정을 느끼면서 성장할 권리가 있고 사람은 좋은 만남으로 인해 용기를 얻어 세상을 살아나갈 수가 있다. 결국 가족간의 유대관계가 있어야 좋은 만남으로 이어진다고 나는 확신하고 있다.

어린 아이를 집에다 감금하고 아사시킨 엄마.

갓난아기에게 끓인 물을 붓고 온몸에 화상을 입힌 아빠.

아들을 화장실에 감금하고 야구방망이로 때려죽인 부모.

끔찍한 아동학대에 대한 뉴스에 경악하는 날이 많다.

'폭력' 이나 '육아포기' 로부터 아이들을

구할 방법이 있을까?

05
아동학대

아이한테 화풀이하는 엄마

초등학교 4학년인 딸 유우카는 엄마와 단 둘이서 살고 있었다. 그런데 엄마는 애인과의 관계에 문제가 생길 때마다 유우카를 때리고 발로 차는 등 학대를 계속해 왔다.

딸에 대한 학대를 도저히 스스로 억제할 수 없게 된 유우카 엄마는 아동상담소로 가서 그 시설에 딸을 맡기고 본인은 심리치료를 받기 시작했다. 그런데 심리치료를 받아도 전혀 좋아지지 않은 유우카 엄마는 어느 날 신문에서 내 기사를 보고 전화를 걸어왔다.

이야기를 들어보니 유우카 엄마는 심리상담사에게 솔직하게 자신에 대한 이야기를 할 수가 없었다고 했다. 그러면 아무리 치료를 받아도 효과가 없을 것이라고 생각해서 나는 유우카와 엄마를 우리 절로 오게 했다.

어린 유우카는 엄마와 같이 살고 싶은 마음도 있는 반면, 엄마에 대한 공포로 인해 "잘 먹겠습니다"라는 말도 제대로 나오지가 않은 상태였다.

먼저 나는 유우카 엄마와 나와의 신뢰관계를 제대로 갖도록 했다. 엄마가 나를 믿는 모습을 통해 유우카도 또한 나를 믿을 수 있게 되었고, 유우카의 표정이 날마다 밝아지는 것을 볼 수가 있었다.

유우카는 이제 "혹시 엄마가 나를 또 때리면 이 아저씨가 지켜줄 거야"라고 믿는다. 마음의 후원자를 얻은 유우카는 건강해지고 밝아졌다. 그런 유우카의 모습을 보는 유우카 엄마도 마음의 안정을 점점 되찾을 수가 있었다.

남편 빚 때문에 생긴 스트레스를 아이에게 푼다

초등학교 3학년, 2학년, 그리고 세 살짜리 아이의 엄마인 히토미는 자신의 아이들을 학대하고 있었다. 아이들의 교육에 남다른 열정을 가진 히토미는 학교에서 학부모 임원과 방과후 학교 선생일도 맡았었다. 그런데 집에 돌아오면 남편의 사업실패로 인한 채무정리로 바빴고, 빚을 갚기 위해 밤늦게 일하러 나가야 되는 상황이라 체력도 기력도 소진 되어 가고 있었다.

이럴수록 남편과의 유대관계가 중요하다. 그러나 빚쟁이에 쫓기는 남편과의 관계는 이미 식은 지 오래였다. 아이들 학교에서 '모범 엄마' 로 알려져 있는 히토미는 자신의 고민을 주변 사람들

사람은 타인과의 만남으로 인해

얼마든지 달라질 수가 있다.

한테 이야기할 수도 없었고 그저 혼자 참기만 했다.

스트레스가 쌓인 엄마는 아이들한테 화풀이를 하기 시작했다. 밤새도록 일하다가 집에 온 히토미는 아침에 아이들이 보채기라도 하면 "시끄러워!"라고 무섭게 소리를 지르고 아이들을 때렸다. 히토미의 폭력은 점점 심해지고 드디어 아이의 뼈가 부러지기까지 했다.

스스로의 행동을 억제시킬 수 없게 된 히토미는 나를 찾아왔고, 나는 히토미를 우리 절로 데리고 왔다.

나는 히토미한테 우리 동네에 있는 요양원에서 고령자를 돌보는 도우미 일을 소개했고, 우리 절에서는 두 마리의 개를 돌보는 일과를 히토미에게 맡겼다. 사람이나 동물의 따스함을 느끼게 하려고 했던 것이다.

사람의 따스함이 마음을 움직인다

앞서 소개한 유우카와 엄마의 관계는 서로를 믿을 수 있게 되자 극적으로 호전됐다. 지금 고3이 된 유우카는 이제 엄마와 무슨 일이든 다 이야기할 수 있는 사이가 되었고 모녀는 정말 사이좋게 지내고 있다.

히토미가 좋아진 계기는 요양원에 있던 아흔세 살 할머니와의 만남이었다. 말도 제대로 할 수 없는 그 할머니가 히토미 손바닥에다 "고마워요"라고 써주었다고 히토미는 감격의 눈물을 흘리면

동물의 따스함이 얼어붙은

아이의 마음을 녹이게 한다.

서 나에게 이야기했다.

사실 히토미는 어릴 때 부모가 이혼을 했었고 그 후에 아버지를 한 번도 만나본 적이 없었다. 그래서 히토미는 어릴 때부터 아버지에 대한 원망을 마음속에 품고 자랐는데 자신의 결혼생활에서 남편이 빚쟁이한테 쫓기는 신세가 되자 남편한테도 비슷한 원망을 품기 시작했다. 그런 마음으로 아이들을 대하니 어리광부리는 아이를 받아줄 마음의 여유가 없어졌던 것이다. 히토미에게 가장 필요했던 것은 사람의 따스함이었다.

지금 히토미는 마음의 여유를 되찾고 다시 아이들과 함께 살 수 있는 날을 꿈꾸며 열심히 일하고 있다.

부모로서 실천하는 일

사람은 타인과의 만남으로 인해 얼마든지 달라질 수가 있다. 내 모습을 있는 그대로 보여주고 받아줄 수 있는 친구가 있으면 사람은 아무리 힘들어도 서로 의지하며 살 수가 있는 것이다.

어릴 때 부모한테 충분히 어리광부리지 못하고 자란 아이는 마음이 불안해지기 마련이다. 아이가 마음을 잘 열지 않는다면 부모는 꼭 실천해야 할 일이 있다. 부부가 서로에게 기대고 사이좋게 지내는 모습을 아이한테 보여주는 것이다. 아이는 부모의 모습을 보면서 자신도 부모한테 어리광부리고 귀여움을 받고 사는 재미를 느낄 수 있을 것이다.

가족이 서로에게 '기쁘다' 라는 표현을 잘 쓰는 것도 좋은 방법이다. 아이한테 "네가 정말 열심히 하니까 엄마가 기쁘다"라고 하면 아이는 스스로 더 열심히 해야 되겠다고 마음을 먹을 것이다.

그리고 부모로서 항상 명심해야 하는 일이 있다. 그것은 생활의 기본인 의식주를 아이에게 제공해주는 일이다. 아이가 안심하고 생활할 수 있는 환경을 만드는 것이 부모의 가장 기본적인 도리이다.

가족하고도 접촉 안 하고

혼자 자신만의 세계에 틀어박히는 아이들.

고독과 싸우면서 그들은 매일 무엇을 생각하고 있을까?

'은둔형 외톨이' 아이들은 부모에 대한 증오를 품고 있다.

부모가 해야 할 일은

평소에 편식을 안 하는 식사습관을 길러주고

과도한 기대를 하지 말고 항상 긍정적인 말을 하는

습관을 가지는 일이다.

06
은둔형 외톨이

집에 혼자 남겨지자 집을 나가

스무 살이 된 아들 유키는 고등학교를 중퇴하고 3년 동안 자기 방에서 혼자 외톨이 생활을 했었다. 유키 아버지는 대기업 이사이며 유키는 어릴 때부터 남부럽지 않게 자랐다.

유키가 자기 방에서 나오려고 하지 않자 유키의 부모님은 해외 유학, 대안학교, 심료내과心療內科 등 이것저것 할 수 있는 일을 모두 해보았는데, 유키의 증상은 호전되지가 않았다. 그러다가 어떤 '은둔형 외톨이' 상담자한테 이런 이야기를 들었다. "아들이 방에서 나오지 않고 있다면 부모가 그 집을 떠나보라."

유키는 혼자 집에 남겨졌다. 일종의 '충격요법' 인데 유키는 갑자기 공포에 휩싸였다고 한다. 그래서 유키는 집을 나와 서점에 가서 책을 뒤지다가 우연히 내 책을 읽고서 연락을 해왔던 것이다.

나는 유키의 이야기를 다 듣고, 다음 날부터 혼자 자전거를 타고 우리 절로 매일 다니라고 시켰다. 유키의 집에서 우리 절까지 자전거로 40분가량 걸린다. 그런데 중학교 시절에 육상선수였다는 이야기를 듣고, 유키의 체력을 회복시키는 의미에서도 자전거를 타고 다니는 것을 권유했던 것이다.

유키는 나하고의 약속을 지켜 매일 자전거를 타고 우리 절에 왔다. 그러다가 역시 우리 절에 있던 '은둔형 외톨이' 하고 친구가 되었고 체력도 회복이 되었다. 유키는 지금 대학 진학을 위해 열심히 공부 중이다.

한 지붕 아래서 전혀 소통하려 하지 않은 아들

스물일곱 살인 히로토는 스물 살부터 7년 동안 '은둔형 외톨이' 생활을 했었다. 먼저 부모님이 나한테 아들 때문에 전화상담을 했다. 그때가 밤 열 시가 넘은 시간이었는데 나는 바로 히로토 집으로 향했다.

히로토 방 입구는 커다란 판자를 못으로 박아 고정되어 있었다. 밖에서 절대로 들어갈 수가 없게 한 것이다. 히로토 아버지는 "벌써 2년 이상 아들 얼굴을 못 봤습니다"라고 말하며 울었다. 히로토는 밖에 나가고 싶을 땐 창문으로 출입을 했던 모양이다.

나는 못으로 고정한 그 판자를 떼어버리고 히로토 방으로 들어갔다. 어두운 방에서 번쩍 빛나는 눈동자가 나를 매섭게 쏘아보고 있었다. 히로토는 머리와 수염이 길었고 언제부터 목욕을 안했는지 방에는 땀 냄새가 진동했다.

"이 미친 중놈, 뭐 하러 왔어?"

히로토는 있는 힘을 다 해서 그렇게 외쳤다. 나는 히로토한테 다가가 손을 붙잡았다.

"난 너하고 친구가 되려고 왔다!"

그 순간 히로토는 엉엉 울기 시작했다.

"정말이야? 진짜 나하고 친구가 되어주는 거야?"

히로토는 울면서 그렇게 나에게 물었다.

지금 히로토는 일주일에 네 번 동네 플라스틱 공장에 다니면서 일하고 있고 열흘에 한 번은 우리 절로 놀러 온다.

과도한 기대는 하지 말아야

지금은 유키도 히로토도 회복되어 부모님 모두가 너무나 좋아한다. 부모는 항상 아이들한테 기대를 하기 마련이다. 아들이 조금 상태가 좋아졌다고 하면 다음에는 이렇게 하라, 저렇게 했으면 하고 잇달아 새로운 요구를 하는데, 그것이 바로 아이한테 큰 스트레스가 된다.

히로토는 자기 방에 있었을 때 침대 밑에 항상 칼을 숨겨두고 있었다고 한다.

"기회만 되면 언제든지 부모를 죽이려 했었다"고.

그만큼 부모에 대한 그의 증오는 컸다.

그럼, 아이들은 무엇 때문에 그렇게까지 화를 내는 것일까? 그것은 바로 어릴 때부터 부모의 과도한 기대감 때문이다.

내 자식이 잘 되기를 바라는 것은 부모로서 당연한 마음이다. 그러다가 때로는 자식에 대한 '과도한 기대심리'를 표현하기도 한다. 자녀가 무언가 잘하면 칭찬보다 먼저 "더 열심히 해라"라는 말이 나올 수 있는데, 그것이 아이들한테는 큰 부담으로 느껴지는 것이다. 그러다가 부모의 기대에 어긋나면 그 좌절감이 아이들 가슴에 큰 상처로 남는다.

어릴 때 꾸었던 꿈이 무엇일까?

나는 이런 제안을 한다.

"아이들의 어릴 때 꾸었던 꿈을 소중하게 여기자."

누구나 어릴 때 천진난만하게 "나는 크면 무엇이 되겠다"라는 꿈을 말하는데, 부모는 그 이야기를 마음속 금고에 간직하다가 아이가 성장했을 때 풀어주는 것이다. 입학식이나 졸업식 같은 특별한 날이면 "어릴 때 너는 이런 꿈을 가지고 있었단다"라고 아이와 함께 이야기하고, 아이의 성장을 같이 기뻐하자. 그러기 위해서 아이가 어릴 때 어떤 꿈을 가지고 있는지에 대해 충분히 들어줄 필요가 있다.

그리고 너무나 과도한 기대를 하지 말고 아이에 맞는 진로를 같이 찾아보도록 하는 것이 중요하다. 부모는 항상 아이의 마음에 다가서서 생각하도록 하자.

'은둔형 외톨이' 아이들을 보면 대부분이 음식을 가리는 경향이 있다. 어릴 때부터 집에서 아이가 좋아하는 것만 해주지 말고, 아이의 성장에 알맞은 음식을 고루고루 먹이도록 해야 한다. 그것이 바로 '식사교육' 이다.

그리고 또 한 가지, 아이한테 항상 긍정적인 말을 하는 습관을 가지는 것이 중요하다. 예를 들어 게임을 좋아하는 아이한테 억지로 게임을 하지 말라고 하면 아이는 반발한다. 먼저 게임을 하고 싶어 하는 아이의 마음을 받아들여야 한다.

"한 시간 이상 하면 안 된다"와 "한 시간 해도 돼"라고 하는 것은 같은 내용이지만 받아들일 땐 의미가 틀리다.

특히 어린 아이들한테 부정적인 표현을 쓰지 말고 항상 긍정적으로 전달하는 것이 중요하다. "하면 안 돼"가 아니라 "해도 돼"라는 항상 긍정적인 말을 하도록 의식적으로 노력하면 부모도 아이도 모두가 분명히 마음이 편해지는 것을 느낄 수 있을 것이다.

청소년은 한 번 바른길을 벗어나게 되면
순식간에 바닥까지 떨어진다고들 한다.
그러나 아무리 '망가진' 아이라 해도 다시
건전한 길을 갈 수 있는 기회가 꼭 있다.
아이들 비행에는 꼭 이유가 있다.
부모는 먼저 집안 분위기나 가정환경 속에서
그 원인을 찾아야 한다.
절대로 포기하지 말고 아이를 믿어주면
아이는 꼭 돌아온다.

07
비행

폭주족에서 약물 운반까지

내가 료와 처음 만난 곳은 소년감별소의 면회실이었다.

어느 날 나는 료 할머니한테 전화를 받았고, 그 후에 나는 료의 가족을 직접 만났다. 료는 엄마와 외할아버지 외할머니와 함께 살았다.

료의 비행 행각은 담배로부터 시작되어, 그 다음에는 폭주족에 들어가 마지막에는 약물 운반까지 했다.

"이대로 방치하면 큰일이 나겠구나."

그렇게 판단한 엄마가 경찰에 신고해서 료는 붙잡혔다. 엄마는 료가 있는 소년감별소에 날마다 면회하러 다닌다고 했다. 나도 같이 가보기로 했다.

료를 만나보니 한눈에 이 아이는 무언가 빛나는 소질을 가지고 있다는 것을 느낄 수가 있었다.

"이 아이는 꼭 회복할 수 있다."

나는 그렇게 해서 료를 우리 절에 받아들이기로 했다.

서로 도와가는 단체생활

료가 한 살 때 엄마 아빠가 이혼하고 그 후 료의 새아버지는 세 번 바뀌었다. 료는 어릴 때부터 밖에서 일하며 고생하는 엄마의 모습을 보면서 자랐는데, 엄마는 아이 엄마인 것보다 여자로서의 입장을 우선으로 생각할 때가 많았다, 그래서 료는 항상 외로움을 품고 자랐다.

료가 소년감별소에 있었던 35일 동안 엄마는 하루도 빠짐없이 료를 면회하러 다녔다. 이것이 아주 중요한 점이다. 료 엄마는 절대로 아들을 포기하지 않았다. 처음에 료는 경찰에 신고한 엄마를 원망했지만 나중에는 "그때 안 잡혔으면 나는 지금 어떻게 되었을지 모른다"라고 하면서 엄마에게 감사하고 있다. 어떤 상황에 있더라도 부모가 절대로 포기하지 않으면 상처받은 아이의 마음은 꼭 달라질 수가 있다.

료는 말수도 많고 활달한 성격인데 그것은 "나의 존재를 인식해 달라"라는 료의 마음을 나타내고 있다. 우리 절에 온 료는 단체생활 속에서 남에 대한 배려를 배우고 건전한 길을 갈 수 있게 되었다.

공부에 관심이 없었던 비행 청소년들도 우리 절에 오면 자연스럽게 공부하기 시작한다. 왕따 등의 이유로 등교거부가 된 아이들이 공부를 잘하는 경우가 많아 도움을 받을 수 있기 때문이다. 그리고 비행 청소년들은 왕따 당한 아이가 학교에 가면 보호를 해준다. 성격도 생각도 전혀 다른 아이들이지만 서로가 곤경에 빠져 있었던 점은 같다. 그리고 같이 공동생활을 하면서 형제자매와 같은 연대의식도 생긴다. 료 역시 공부하면서 모르는 부분을 다른 아이들 도움을 받고 또한 료가 할 수 있는 일은 열심히 도와가면서 우리 절에서 지냈다.

지금 료는 낮에는 이삿짐 센타에서 일하면서 토요일마다 학교로 가서 통신교육으로 고등학교 과정을 공부하는 중이다. 료는 고등학교를 졸업하면 자위대로 지원하겠다는 목표도 생겼다.

아이를 절대로 포기하지 마라

료의 경우 가족 모두가 료에 대해 걱정하고 고민하면서 마음을 모았다는 점이 좋았다. 엄마는 매일 면회를 다니고 외할머니는 나한테 전화를 걸어 외할아버지와 함께 상담하러 왔었다. 가족이 하나가 되어 료를 생각하는 마음이 료의 회복에 큰 도움을 주었던 것이다.

자녀의 비행 행각으로 고민하는 부모한테 나는 "절대로 포기하면 안 된다"라고 강조한다. 내가 항상 아이들한테 하는 말이 있다. "도망가지마. 도망가면 쫓긴다." 아이들이나 어른이나 다 마찬가지다.

어려운 일에 부닥칠 때 항상 도망가려고 하는 어른이 있으면 그 사람이 키운 자녀 역시 어려운 일에 맞서지 않고 도망가려고만 한다. 부모의 모습을 보고 아이는 자란다.

자녀의 비행 문제가 생겼을 때 부모는 먼저 집안 분위기나 가정환경 속에서 그 원인을 찾아보도록 하는 것을 나는 건의한다. 예를 들어 이사를 갔다든가, 아이가 좋아했던 할머니가 돌아가셨다든가, 환경의 변화에 따라 아이가 외로움을 느꼈을 때 아이의 행동에 변화가 일로나기 때문이다.

그때 부모는 아이의 이야기를 충분히 들어주고 같이 슬퍼해줘야 한다. 아이는 그런 부모의 모습을 절대로 잊지 않는다. 부모는 항상 마음속에서 99프로 아이에 대한 걱정을 하면서도 그 걱정을 아이한테 보여주지 말고, 아이를 100프로 믿어주어야 한다.

비행 청소년들은 "타인과의 거리 감각을 잘 모른다"라는 특징이 있다. 그러니까 어릴 때부터 아이들에게 이 사회나 사람들 사이에 있는 불문율에 대해 잘 가르쳐줄 필요가 있다. 그렇지 않으면 아이가 스스로 무엇이 안전하고 무엇이 옳은 일인지 판단이 안 선 채 성장하게 된다. 약한 자를 자꾸 괴롭히는 아이들은 "약한 자를 도와야 한다"라는 불문율을 모른 채 성장했던 것이다.

어떤 부부든 결혼했을 당시 "우리는 이런 가족이 되고 싶다"라는 목표나 꿈이 있었을 것이다. 집안에 무슨 문제가 생길 때마다 항상 원점으로 돌아가 배우자와 아이들을 대하도록 하자.

아이들 비행에는 꼭 이유가 있다. 절대로 포기하지 말고 아이를 믿어주면 아이는 꼭 돌아온다.

자신의 몸에 상처를 내면서까지 마음을 충족시키는 자해행위. 특히 손목에 칼자국을 내는 행위를 '리스트컷 wrist cut 증후군' 이라 부른다.

마음이 설 자리를 잃고 외로움 때문에 자신의 몸에 상처를 입히는 것이다.

아이가 자해행위를 반복하지 않도록 부모는 마음의 여유를 가지고 아이한테 다가서야 한다.

08
자해

초등학생 손목에 있던 칼자국

어느 겨울 날, 아주 추운 밤 10시 반이 넘은 늦은 시간에 리카라는 초등학교 여학생이 혼자 우리 절을 찾아왔다. 그날따라 비가 많이 와 리카는 흠뻑 젖어 떨고 있었다. 들어보니 밤 여덟 시에 집에 들어갔더니 엄마가 문을 안 열어주었다고 한다.

초등학생한테 여덟 시라는 귀가 시간은 좀 늦었지만 그렇다고 문을 안 열어준다는 것도 이상하다. 일단 우리 집에서 따뜻한 물에 목욕하라고 시켰다. 그런데 리카의 손목에 '리스트컷' 자국이 있는 것을 보고 나는 바로 리카 집으로 전화했다.

"당신 딸이 지금 우리 절에 와 있다!"

"왜 우리 딸이 절에 가 있지요? 바로 집으로 돌려 보내주세요."

리카 엄마는 아주 흥분한 목소리로 대답했다.

"리카는 아직 초등학생인데 손목에 리스트컷 자국이 있는 것을 엄마는 알고 있나?"

나는 화를 내면서 말했다.

남에게 인정받아 딸 마음 받아들이는 여유 생겨

리카는 엄마와 단 둘이 살았다. 엄마는 공장에서 일하면서 리카를 혼자 키웠는데 엄마한테는 그런 힘든 상황을 하소연할 친구도 없고, 그저 "혼자서라도 내가 딸을 잘 키워야지" 하며 악착같이 살면서 항상 마음이 쫓기고 있었던 것이다. 아빠 없이도 아이를 잘 키워야 된다는 마음이 너무나 강해서 엄마는 그 동안 리카한테 아주 엄격하게 대했던 것이다.

리카는 어린 마음에 엄마가 고생하는 모습을 보면서 자랐고, 자기 나이답게 어리광 한번 부리지 못하고 혼자 외로운 마음을 품고 지냈던 것이다.

리카 엄마를 처음 만났을 때 나는 먼저 "리카 엄마는 리카를 위해 정말 열심히 노력했군요. 아주 훌륭한 엄마입니다"라고 말했다. 리카 엄마는 그 말에 눈물을 흘리면서 "내 마음을 처음으로 알아주는 사람이 생겼습니다"라고 했다.

자신의 노력을 남에게 인정받은 리카 엄마는 그때서야 리카의 외로운 마음을 이해할 마음의 여유가 생겼다. 그래서 리카 엄마는 리카한테 편지를 쓰며 사과를 했다.

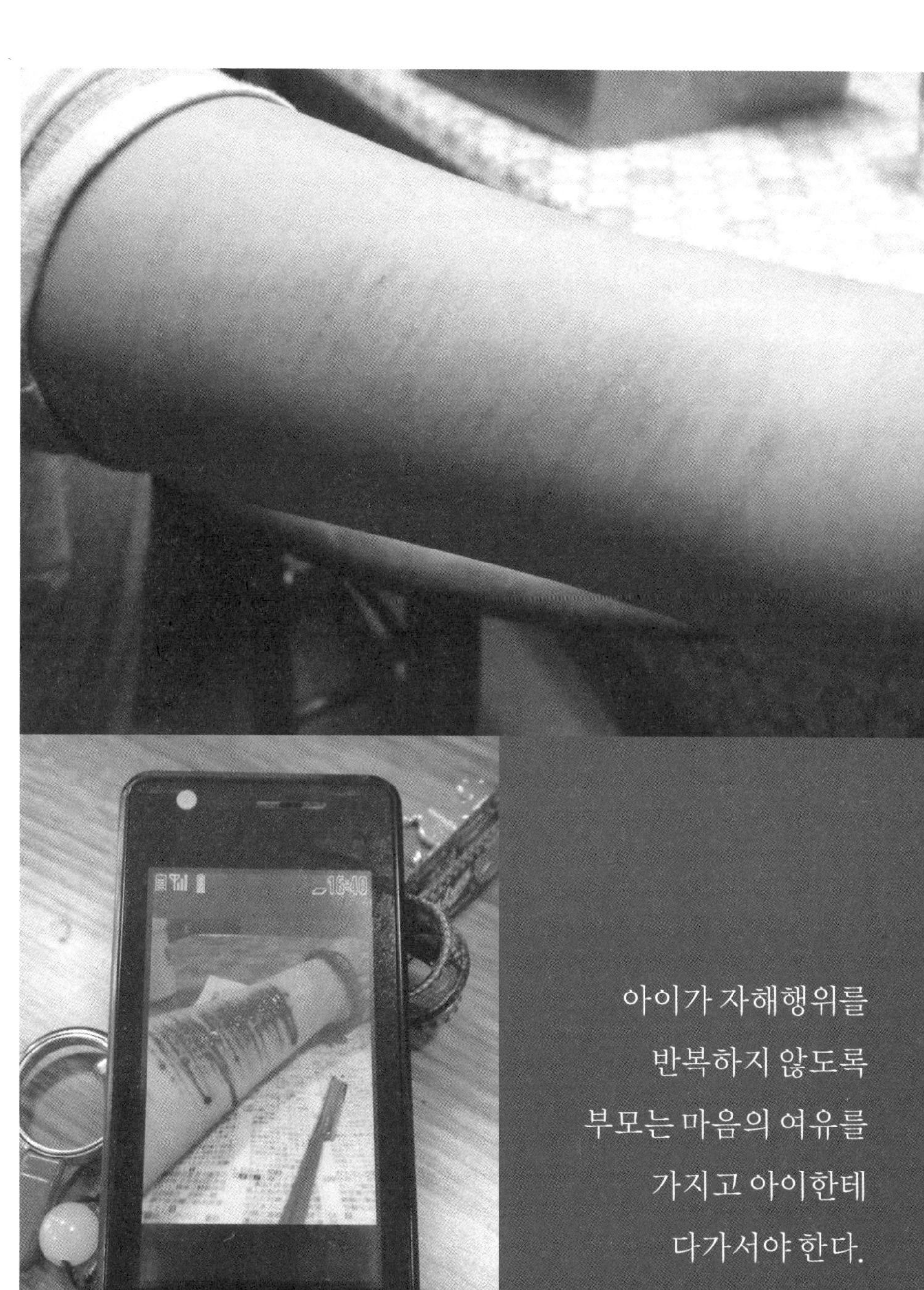

아이가 자해행위를
반복하지 않도록
부모는 마음의 여유를
가지고 아이한테
다가서야 한다.

"그 동안 네가 괴로울 때 마음을 알아주고 받아들이지 못했던 것 정말 미안하다."

같이 살면서도 서로 외로웠던 모녀는 이젠 행복한 삶을 찾을 수 있게 되었다.

유치원선생이 직장에서 손목을 잘라

유치원에서 근무하는 료코는 직장에서 자기 손목을 면도칼로 잘랐다. 유치원 원장이 료코를 데리고 우리 절을 찾아왔다. 료코 부모님은 재혼했고, 료코는 아빠와 새엄마, 그리고 새엄마가 데리고 온 두 자녀와 함께 살았다. 재혼할 때 부부는 "아이들을 잘 키우자"고 맹세했는데 세월이 흐르다 보니 서로 마음에 어긋나는 일이 생겼고 료코는 집에 있어도 자신이 설 자리가 없다는 것을 느꼈다. 그 외로움 때문에 료코는 리스트컷을 시작한 것이다.

서로 아이가 있으면서 재혼할 경우 아빠는 엄마의 자녀를 먼저 생각하고, 엄마는 아빠의 자녀를 먼저 생각한다는 원칙을 세워 그 자세를 계속 유지해 나가는 것이 중요하다.

나는 료코 부모님을 만나 재혼했을 당시의 마음으로 다시 돌아가라고 이야기했다. 그리고 료코 엄마한테는 딸을 매일 아침에 직장에 데려다주라고 제안을 했다. 차 안에서 둘만의 시간을 가지고 대화를 하면서 엄마는 료코의 마음에 다가설 수가 있었고 이제 모녀는 아주 사이좋게 마치 친구처럼 지낼 수 있게 되었다.

만남의 기회를 가져라

어느 집이든 비슷한 경향이 있는데 부모는 아이가 어른들 속도에 맞추어 따라 오도록 재촉한다. 그러다보니 부모의 '빨리 빨리' 라는 말에 적응하지 못하고 허덕이는 아이들이 많다. 이 상태가 오래 가면 아이는 "엄마 아빠는 내 마음을 이해해주지 않는구나"라고 느끼기 시작한다.

어른들이 바쁜 건 어쩔 수가 없지만 가끔은 아이들의 속도에 맞춰 대화할 시간을 가져야 한다. 아이들 키에 자신을 맞춰가면서 말이다.

아이가 어릴 때는 설날이나 추석 혹은 절기마다 있는 전통적인 행사를 집에서 같이 즐기는 것을 권의 한다. 가족이 함께 동지 팥죽을 끓여먹거나 하는 경험은 아이들에게 아주 소중한 시간으로 남는다. 또한 자기가 살고 있는 동네의 축제 같은 행사에 꼭 아이를 참석시켜 동네에서 만남의 기회를 만들어주는 것도 중요하다. 그런 만남이 언제 어떻게 아이를 구할 수 있는 인연이 될지 모른다. 또한 부모 자신에게 있어서도 무언가 의논할 수 있는 사람이 가까이 있다는 것은 아주 중요하다.

제 3 장

아이들에겐 잘못이 없다

이곳에 오면 아이들의 표정이 밝아진다.
거칠었던 행동과 말이 온화하게 변하고
거식증으로 신음했던 아이가 밥을 먹기 시작한다.
등교거부 아이는 사흘 만에 다시 학교에 다니겠다고 한다.
왜 아이들은 사이쿄인에 오면 이렇게 달라지는 것일까?
마치 대가족과 같은 생활 속에서 아이들 하나하나가
자신의 설 자리를 찾아가기 때문이다.
이곳에서 아이들은 형제자매처럼 지낸다.
'양키족' 아이가 왕따 당하는 아이를 보호해주기도
하고 등교거부였던 아이가 '폭주족' 아이에게 공부를
가르치기도 한다.

01
사이교인의 생활

18년 동안 900여 명이 이곳을 졸업

일본 열도 중심부인 아이치현 오카자키시에 있는 사이교인西居院. 나는 이 자그마한 절의 주지스님이다. 동네 사람들이 나를 일컬어 '악동 스님'이라 부르는 데에는 이유가 있다. 사실 나는 고등학교 시절 아무도 못 말리는 진짜 악동, 요즘 말로 하면 '일진'이었기 때문이다. 그 경험이 오늘 나를 만들었고 바로 우리 절 사이교인의 생활에도 반영되어 있다.

우리 절에서 소위 말하는 '후레자식'을 받아들이기 시작한 지 올해로 18년째가 된다. 등교거부, 비행청소년, 거식증, 자살 시도, 은둔형 외톨이히키코모리 등등, 고통 속에서 허덕이며 헤매는 아이들이 일본 전국에서 이곳 사이교인을 찾아온다. 일본 최북단인 홋카이도 아바시리에서 최남단인 오키나와 이시가키섬까지 전국 방방곡곡에서 우리 절을 찾아오는 아이들이 있다.

나는 이곳에 오는 아이들한테

식비, 숙박비는 한 푼도 받지 않는다.

바로 나 자신이 가난함에 시달린 청소년 시절을

보냈기에 돈 때문에 우리 집에 못 오는 아이가 생기면

안 된다고 생각하기 때문이다.

우리 절에서는 그런 아이들의 심신을 회복시켜 다시 이 사회에 나가 자립할 수 있도록 도와주고 있는데, 지금까지 900명에 달하는 아이들이 이곳을 '졸업' 한 후 자신의 삶의 길을 찾아 떠나갔으며 또한 이곳에 들어오고 싶어서 차례를 기다리는 아이들도 무려 2,000여 명에 달한다.

내가 아이들을 대할 때 가장 중요하게 여기는 것은 그 아이의 5년 후, 10년 후의 모습을 생각하는 것이다. 자신의 아이를 이곳에 데리고 오는 부모님들은 아이의 현재 모습만 보고, "지금 상태를 어떻게 그전 상태로 돌려줄까" 라고만 생각하고 있는데, 가장 중요한 것은 아이들의 미래다. 아이들이 이 사회에 나가 잘 적응해 살아나가기 위해선 아이 스스로는 물론 부모님들도 달라져야 한다.

아이들을 받아들이게 된 계기

우리 아들이 다녔던 고등학교는 원래가 오랜 전통이 있는 명문 공립학교이며 오카자키시 시장도 그 학교 출신이다. 그런데 언제부터인가 그 학교의 명성이 떨어지기 시작했고 우리 아들이 그 학교에 다닐 무렵에는 동네에서 가장 공부 못하는 아이들이 다니는 학교로, 대학 진학 희망자가 거의 없는 그런 낙후된 학교로 알려질 정도가 되었다.

나는 학교의 '학부모 임원' 으로 우리 아들이 1학년 때는 부회장을, 2, 3학년 때는 회장을 맡았다. 학교 측은 선생님과 학부모가 함께 노력해서 이 학교를 다시 일으켜 세웠으면 했다.

학교에 가서 아이들을 만나 보니 교복을 제대로 입은 아이는 찾아보기가 힘든 정도였고 여학생 모두가 화장을 하고 있었다. 그리도 1년에 30명 가량은 '진로변경'이라는 이유로 학교를 그만두고 있었다.

나는 먼저 학교 선생님들을 만나서 회의를 했다. 선생님들 대부분이 초과근무를 안 하고 퇴근 시간이면 모두 학교에서 나가버리는 것을 알고 새벽 3시까지 술을 먹이면서 선생님들을 설득해서, 학생 집을 찾아 다니는 '가정방문'을 꼭 해달라고 이야기했다.

'가정방문'을 해보니 놀라운 사실이 드러났다. 집안에 문제가 있는 아이들이 참으로 많다는 것이다. 부모가 이혼을 했거나, 맞벌이로 아이와 같이 있는 시간이 없거나, 아예 부모가 집에 돌아오지 않고 아이들끼리 생활하고 있거나 하는 등 그런 식으로 정상적인 생활조차 하기 어려운 아이들이 참으로 많았다.

나는 학교 측과 몇 번씩 상의를 해서, 스스로가 고등학교는 꼭 졸업해야 한다고 생각하고 있는 학생, 그리고 부모도 아이의 졸업을 진심으로 원해서 노력을 하겠다는 의지를 가지고 있으나 그 능력이 부족한 학부모가 있다면, 그 학생을 우리 절로 데리고 와서 보살펴주겠다고 제안을 했다.

이렇게 해서 아들 친구를 포함한 몇 명 아이들이 우리 절에 오게 되었고, 아들과 같이 우리 절에서 학교를 다니다가 졸업할 수가 있었다. 그것이 우리 절에서 아이들을 받아들이는 계기가 되었던 것이다.

식비도 숙박비도 안 받는 이유

우리 식구는 나의 아내인 마치코씨, 아이들이 형, 오빠라 부르는 우리 큰아들, 그리고 항상 스무 명 가량의 아이들과 강아지 두 마리가 함께 사는 대가족이다.

이곳 사이쿄인은 특수한 교육시설이나 보호시설이 아니라 개인 절이며 개인 집이다. 나는 이곳에 오는 아이들한테 식비, 숙박비는 한 푼도 받지 않는다. 바로 내 자신이 가난함에 시달린 청소년 시절을 보냈기에 돈 때문에 우리 집에 못 오는 아이가 생기면 안 된다고 생각하기 때문이다.

여유가 있는 집 아이들에게는 돈을 받으면 되지 않느냐고 사람들은 다 그렇게 말하는데, 솔직히 나도 인간이기에 혹시 돈을 받게 되면 돈 있는 집 아이만 우대하거나, 가난한 집 아이를 차별하거나 하지 않을까 싶어서 돈을 받지 않기로 했다. 이것은 바로 내 스스로가 자청한 고행이라고 생각한다.

또한 아이들에게 돈을 받지 않은 것과 같은 이유로 어떤 단체나 개인에게도 기부금을 받지 않고 있다. 다만 우리 절에 주시는 시주만 감사히 받는다.

대가족인 우리 식구 생활비는 나의 스님으로서의 수입과 강의

료, 책 인세, 방송출연료, 그리고 아내의 월급에 의존해 왔다. 아내는 시립 병원에서 간호사로 근무하다가 작년에 정년퇴직을 했다. 솔직히 그 동안 경제적으로 힘든 일이 한두 번이 아니었다. 그러나 나는 도저히 힘들면 우리 식구들을 위해서 언제든지 이 절을 팔 각오가 되어있다. 그렇게 해서라도 같이 생활하는 아이들의 목숨을 구할 수 있다면 충분하다고 생각한다. 지금까지 본당本堂을 팔아넘기지 않아도 생활할 수가 있어서 천만다행이다.

대가족의 가장으로 아이들을 지키고,
동네 절 주지로서 신도를 지킨다

사람들은 일반적으로 절에서의 생활은 규칙적으로 이루어질 것이라고 생각하기 마련인데 실은 우리 절에선 아이들이 자발적으로 만든 규칙은 있어도 그 밖에는 일반 가정집과 다를 바 없는 일상생활을 하고 있다. 그리고 나는 아이들에게 종교적인 수행이나 행위를 강요하지 않는다.

물론 대가족이기 때문에 가끔씩 문제가 생기기도 하는데 그때마다 아이들은 '어린이 회의'를 소집해서 문제해결에 대해 논의한다. 아이들끼리 해결하기 힘든 문제일 경우에만 어른이 등장하여 야단을 치거나 타이른다. 기본적으로는 아이들끼리 서로 부딪치면서 성장할 수 있도록 지켜보고 있는 것이다.

나는 어느 가장이나 마찬가지로 아이들을 먹여 살리는 아버지

adidas

역할을 하고 있다. 날마다 열심히 일해야 대가족인 우리 식구들을 먹여 살릴 수가 있다. 우리는 매달 50만 엔, 약 700만 원 가량의 생활비가 필요하니 나는 하루 종일 밖에 나가서 일하는 날이 많을 수밖에 없다.

나의 일이라면 절에 있을 때는 주지스님으로서 신도들의 장례나 제사 등 행사를 거행하는 일과, 전국 각지에서 들어오는 강연회나 방송출연, 그리고 원고를 쓰는 일이다. 그리고 절에 있으면 아이들을 데리고 상담하러 찾아오는 부모들이 있고, 우리 절의 신도들이 나를 찾아오는 경우도 많다.

매일 매일 정말 여러 고민 때문에 사람들이 나를 찾는다. 빚쟁이에게 쫓기는 다중채무자, 혹은 결혼이나 이혼문제에 대한 고민상담, 아이들의 비행문제 등등. 그리고 신도들 하고는 장례식이나 기일에 절에서 거행하는 법사法事에 대한 이야기도 한다.

우리 아버지께 이곳 사이교인을 물려받았을 때 서른여덟 집뿐이던 '신도가정'이었지만 현재는 200여 가구가 신도가 되었다.

나는 나름대로 신도들과의 관계에 있어서 어떤 신념을 가지고 있다. 스님은 신도의 가족사항이나 재산에 대한 정보를 파악하고 있어야 한다. 어느 집이든 마찬가지로 가족 간의 문제 중 가장 큰 문제가 재산문제다. 집안 어른이 돌아가시면 남은 가족들끼리 유산 문제로 갈등이 생기기 마련인데 나는 신도의 그런 문제는 스님 입장에서 미리 막을 수 있다고 생각한다. 그리고 가족 모두가 화목하게 지내는 것이야말로 돌아가신 조상을 공경하는 일이다.

자식이 많아서 유산문제가 생길 것 같은 집은 미리 그 집 어른께 생전에 유서를 준비하시라고 조언을 한다. 그러기 위해선 나 스스로 많은 지식이 있어야 한다. 땅이나 집, 등기부나 세금 문제에 대해 나름대로 공부하면서 적절한 조언을 할 수 있어야 한다.

아이들과의 소통 빼놓을 수 없어

항상 바쁘게 살다 보니까 우리 집에 있는 아이들과 천천히 이야기할 시간이 없을 때가 많다. 이런 상황 속에서 나와 아이들과의 대화는 주로 전화나 핸드폰 문자, 혹은 저녁 식사 시간이나 손님이 다 돌아간 밤늦은 시간에 이루어진다. 한 지붕 아래 살지만 아이들과 접촉할 수 있는 시간에는 제한이 있다. 그래서 어떤 때는 아이들의 요청으로 내가 일부러 시간을 내서 같이 지낼 날을 만들기도 한다.

나의 일상과 마찬가지로 아내의 생활도 역시 바쁘다. 간호사로 일했던 아내는 병원에 가면 환자들이 기다리고 있고 집에 오면 아이들이 기다리고 있다. 야근도 자주 있고 쌓인 피로도 만만치 않다. 그래서 결혼해서 분가한 우리 둘째 아들부부가 장을 보아 우리 절에다가 먹을 거리를 날라다 주기도 한다.

2009년부터는 도쿄에 있던 큰 아들이 우리 절로 들어와 나의 후계자로 스님으로 일을 하면서 아이들을 돌봐주고 있다. 큰 아들은 나와 마찬가지로 불교대학인 다이쇼대학교를 나와 그 동안 도교에서 혼자 생활하고 있었는데 나를 도와주기 위해 고향으로 돌아왔던 것이다. 이런 식으로 우리 가족은 서로 도와가면서 아이들을 보살피고 있다. 우리 절에서 지내는 아이들은 우리 가족의 모습을 보면서 가족의 소중함과 더불어 일상생활에 충실해야 한다는 사실을 느낄 것이라고 나는 믿는다.

서로 도와가며 지내는 아이들

내가 멀리 가서 집에 돌아오지 못하는 날에도 아이들은 책임감 있게 우리 절을 지켜준다. 내가 없는 사이에 상담하러 온 아이나 가출해서 찾아온 아이가 있으면 아이들이 나 대신 그 아이의 이야기를 들어주기도 한다.

이미 우리 절에서 지낸 아이들은 새로 찾아오는 아이에게 자신과 같은 '냄새'를 느끼면서 지난 날 자신의 모습을 보기도 하고, 외로운 그들의 마음에 다가서려고 한다. 그리고 이곳을 찾아온 아이는 이 세상에서 괴로워하는 사람은 혼자만이 아니라는 사실을 알고 위로를 받는다. 아이들은 우리 절에서 마치 가족이나 형제자매 같은 인간관계를 체험하면서 스스로의 집에 돌아갔을 때 가족들과 어떻게 지내야 되는지를 배워나가는 것이다.

등교거부 아이들도 여기에 오면 삼일 만에 스스로 학교를 다니겠다고 한다. 이곳을 취재한 어느 텔레비전 프로그램을 본 시청자

가 혹시 우리가 방송국과 짜고 하는 연기가 아니냐고 물었다고 한다. 우리 절에 오기 전과 우리 절에서 지내고 난 후 아이들의 표정이 완전히 달라지는 장면을 보고 의심을 가졌다고 했다. 그 정도로 아이들은 달라질 수가 있는 것이다.

아이들을 지켜보고 있으면 재미있는 현상도 볼 수가 있다. 우리 절에 오는 아이들은 크게 두 가지로 나눌 수가 있는데 하나는 일본에서 흔히 '양키'라 불리는 불량아들이고 또 하나는 학교를 안 가겠다고 하는 등교거부 아이들이다.

'양키족'은 공부는 못하지만 힘이 있고 믿음직한 면이 있으며 커뮤니케이션 능력이 뛰어나다. 한편 '등교거부족'은 얌전하고 다른 사람과의 접촉을 별로 좋아하지 않지만 머리는 좋아서 공부를 잘한다.

'등교거부족' 아이들이 처음 이곳 생활에 익숙하지 않아 다른 아이들과 어울리지 못하고 혼자 있으면 꼭 '양키족'이 다가가 말을 건다. 혹은 학교에서 다른 아이들이 우리절의 '등교거부족'을 괴롭히면 우리 절에 있는 '양키족' 아이들이 그들을 보호해주기도 한다.

또한 '양키족'이 학교 공부에서 모르는 부분이 있으면 '등교거부족'이 가르쳐주기도 한다. 그런 식으로 아이들은 서로가 서로의 모자란 부분에 도움을 주고받으면서 상부상조 정신으로 잘 지내고 있다.

그럼 어떻게 하면 아이들이 달라질 수가 있을까? 내 생각으로는 이곳에선 어른이 아이들을 아주 자연스럽게 대하고 있기 때문이라고 믿는다. 학교를 못가는 아이들이나 비행으로 반항하는 아이들을 마치 거북한 존재인 것처럼 대하면 그들과의 마음의 거리는 멀어지기만 한다. 아이들과 '삼보의 거리'를 지켜야 하는데, 그것이 3,000보의 거리가 되어버리면 사람의 따스함은 절대로 전달되지 않는다.

혼자 괴로워하고 힘들어하는 아이들의 마음을 구해주고 올바른 길로 나갈 수 있도록 돕는 일, 이것이 바로 부처님이 나에게 주신 소중한 임무라 나는 믿는다. 그러나 이 일은 나 혼자만이 할 수 있는 일은 절대로 아니다. 불자라면 누구나 곤경에 빠진 자를 구하는 임무를 가지고 있으니 이것은 모든 종교인들이 수행해야 하는 임무이기도 하다.

"엄마는 '빨리빨리' 라는 말을 쓰지 마세요."

"아빠는 아무데서나 담배꽁초를 버리지 마세요."

"내가 받은 세뱃돈을 엄마가 마음대로 쓰지 마세요."

아이는 부모님께 이렇게 당부한다.

"아침에 일어날 때 짜증내지 마라."

"동네사람들한테 인사를 똑바로 하라."

"학교에서 늦게 올 때는 꼭 전화로 알려라."

부모님은 아이에게 이렇게 당부한다.

이것이 바로 '우리집 헌법' 이다.

생활 속 작은 규칙이 보무와 아이의 마음을

소통시키는 열쇠가 된다.

02
생활 속에 있는 규칙

스스로가 할 일을 찾아라

내가 항상 우리 절 아이들에게 하는 말이 있다. 그것이 "무엇이든 좋으니까 최고가 되라"다. 음악이든 운동이든 미술이든 아이들이 자신이 좋아하는 일을 찾아서 그 재능을 키우는 것이 중요하다. 그리고 부모는 아이의 재능이 꽃필 수 있게 환경을 만들어주어야 한다. 자신이 어떤 재능을 가지고 있는지 모르는 아이에게는 우선 진학을 하라고 권한다. 자격이나 학력 때문이 아니라 학교를 다니면서 자신이 하고 싶은 일이 무엇인지 찾을 수 있기 때문이다.

우리 절에서는 아침에 일어나 식사를 하고 저녁에 목욕을 하고 잠잘 때까지 생활 속에서 자신이 하고 싶은 일이 무엇인지를 찾아보라고 이야기한다. 나와 아내는 아이들에겐 결코 부모가 아니라 '아저씨' '아줌마' 이기에 생활에 대한 모든 일을 돌봐줄 수는 없다. 아이들은 스스로가 할 수 있는 일을 찾아서 생활해야 하는 것이다.

어떨 땐 부모가 아니기 때문에 아이들은 가족에게 못하는 이야기를 우리 부부에게 할 수도 있고 버릇없는 짓이나 응석부리는 행동을 자제할 수도 있다. 아이들은 우리 절에서 마음의 영양소를 받을 수 있겠지만 우리 절의 생활이 너무 편해지면 집에 돌아가야 한다는 마음이 없어져 버리니 약간 불편하게 지내는 정도가 적당하다고 나는 생각한다.

평범한 가정생활 속에서 배우는 일

우리 절에 맡겨진 아이들을 보면 2, 3일이 지나면 조금씩 적적해지기 시작한다. 그 동안 같이 지내왔던 가족이나 친구들과 멀리 떨어져있다는 사실을 실감하기 때문이다. 그리고 왜 자신이 혼자 여기까지 오게 되었는지, 지금 자기는 무엇을 해야 하는지에 대해 처음으로 진지하게 생각하기 시작한다.

우리 절의 몇 안 되는 규칙 중의 하나는 자는 시간 이외엔 절대로 방에서 혼자 있으면 안 된다는 것이다. 자신이 무엇을 해야 할지는 다른 아이들 모습을 보면서 느낄 수 있을 것이다. 그리고 다른 아이들과의 인간관계에서 스스로가 가진 문제점을 발견할 수도 있고 그 깨달음이 앞으로 건전하게 성장할 수 있는 계기가 되기도 한다.

자신이 무엇을 해야 할지는 다른 아이들 모습을
보면서 느낄 수 있을 것이다.

어떻게 보면 이런 것들이 아주 평범한 가정생활이기도 하다. '소년원' 처럼 모든 일이 규칙적으로 이루어지는 생활은 실제 생활과 거리가 멀다고 할 수 있다.

또한 우리 절에서는 아이들에게 아침저녁으로 부처님 앞에서 기도 드리는 일도 시키지 않는다. 아직 성장기에 있는 아이들은 몸도 마음도 제대로 성숙하지 않았기 때문에 특정 종교를 강요하지 않는 것이 올바르다고 생각한다.

아이들을 처음 우리 절에 받아들이기 시작했을 무렵에는 나와 아내는 아이들 식사와 빨래를 모두 도맡아서 했는데 지금은 모든 가사 일을 아이들이 자발적으로 하고 있다. 아이들을 받아들인 지 10년 가량 지나고 나니 서로의 상하관계가 분명해지고 아이들 스스로가 역할을 찾아서 모든 것을 자발적으로 할 수 있게 된 것 같다.

예전의 일본 가정에서는 아버지가 가족을 위해 밖에 나가서 일을 하고 어머니는 집에서 아이들을 돌봐주었다. 한 가정에서 아버지에게 위엄이 있었던 것은 아버지를 떠받드는 어머니가 있었기 때문이기도 하다. 아이들 앞에서 항상 아버지를 높이는 어머니가 있었기에 아버지는 가정에서의 존재감을 유지할 수 있었던 것이다. 그리고 아버지는 아이가 나쁜 짓을 하면 야단치고 어머니는 아버지에게 혼난 아이를 품에 안아주었다. 이런 식으로 역할이 분명한 곳에서 아이가 자라는 것이 본래 가정의 모습인데, 그런 불문율이 무너지면서 아이들의 비행문제도 커져갔던 것이다.

부모대신 아이의 성장을 도와

나는 우리 절에 온 아이들과 먼저 악수를 한다. 그것은 스킨십을 통해 나의 따스함을 전하기 위해서이다. 처음 만날 때 아이를 그렇게 받아들이면, 그 후에는 일일이 아이의 생활에 간섭하지 않는다. 그렇다고 그저 방치하는 것은 아니다. 나는 항상 아이들 하나하나를 가만히 살펴보면서 어떻게 대하면 좋을지 마음을 쓰고 있다. 그것이 바로 어른으로서의 할 도리라 생각하기 때문이다.

매일 매일 야단을 쳐 줘야만 하는 아이도 있고 아침 인사만 하고 내버려둬도 괜찮은 아이, 그날 날씨에 따라 목소리를 바꿔가며 말을 걸어 주어야 하는 아이도 있고 꽉 안아주어야 하는 아이도 있다.

그 아이의 상태에 맞게 대응하는 것은 원래 부모 역할이다. 나는 그 아이의 부모를 대신해서 아이의 성장을 도와주는 역할을 하고 있다. 그런데 내가 그런 식으로 마음을 쓰는 것이 아이들에게 절대 느껴지지 않게 해야 한다. 그렇지 않으면 아이들이 나에게 미안한 마음을 가지기 때문이다.

문제에서 도망치지 말자

나는 우리 절에서 지내는 아이들을 별명으로 부른다. 예를 들어 뚱뚱한 애는 '뚱뚱보', 엄마가 불가리아인인 요시코라는 아이는 '불가리가 욧짱' 등등 내가 마음대로 지은 별명으로 부르면 아이들은 환한 얼굴로 달려온다. 별명에는 아이들 고민의 원인이 되는 부분이나 비행의 동기가 되는 부분을 감추지 않고 짓는다.

또한, 나는 다른 사람에게도 아이의 '과거'에 대해서 스스럼없이 이야기한다. "이 아이는 진짜 '야쿠자' 였지", "이 아이는 가정폭력 때문에 아버지에게 맞고 살았어" 등등.

부모나 학교 선생님들은 그런 말을 하면 아이들이 마음의 상처를 받지 않을까 걱정하기도 하는데 내가 아이에 대해 모든 것을 떳떳하게 말할 수 있는 이유는 그만큼 나와 아이의 마음의 거리가 가깝기 때문이다. 자신의 과거를 숨기지 말고 스스로의 약점에서 도망치지 말자는 신념을 나는 가지고 있다. 그래서 우리 절 아이들이나 밖에서 만나는 아이들에게 항상 "도망치지마라. 도망치면 쫓긴다"라고 다짐한다. 그건 아이들뿐 아니라 부모들도 마찬가지다.

아이들은 자신을 괴롭힌 과거를 잊고 싶고 감추고 싶을지 모르지만 그 상처를 넘어서야 어른으로 성장할 수가 있는 것이다. 자신의 어두운 과거와 정면으로 맞서 받아들여야 한다. 괴로움을 아는 자는 남에게 더 너그러이 대할 수가 있고 사람으로서 더 성장할 수가 있기 때문이다.

아이들 스스로가 정한 규칙

우리 절에서 무슨 일이 일어나면 아이들은 바로 '어린이 회의'를 소집한다. 모든 문제는 대화로 풀어나가자는 원칙인데 이 회의는 내가 제기한 것이 아니라 아이들 스스로 생각해 낸 것이다.

'사이쿄인 헌법' 도 마찬가지다. 이것은 아이들이 단체생활에 있어서 지켜야 하는 규칙이다. 예를 들어 '핸드폰 사용은 저녁 10시까지', '모든 일을 스스로가 하도록 한다', '여름엔 오후 6시 15분, 겨울엔 5시 15분까지 돌아와야 한다', 등등 열일곱 개 조항을 쓴 종이를 아이들이 냉장고 문에 붙여놓았다. 공동생활을 잘 유지시키기 위한 슬기로운 규칙이다.

나는 강연회에 나갈 때마다 이 '사이쿄인 헌법' 이야기를 소개하면서 집집마다 '가족 헌법'을 만들어보라고 제안을 한다. 그런데 여기서 주의해야 할 점은 부모가 일방적으로 아이들에게 무슨 요구라도 하듯이 규칙을 정하면 안 된다는 것이다.

먼저 아이들에게 주도권을 주고, 아이들이 부모에게 원하는 것을 적고, 그 다음에 부모가 아이에게 원하는 것을 적는다. 그럴 때 아이들이 자유롭게 자기 생각을 털어놓을 수가 있다.

예를 들어 이런 식이다.

아이가 부모한테

1. 엄마는 '빨리빨리' 라는 말을 쓰지 않는다.
2. 아버지는 아무데서나 담배꽁초를 버리지 않는다.
3. 내가 받은 세뱃돈을 엄마가 마음대로 쓰면 안 된다.

부모가 아이한테

1. 아침에 일어날 때 짜증내지 않는다.
2. 동네사람들한테 인사를 똑바로 한다.
3. 학교에서 늦게 올 때는 꼭 전화로 알린다.

아이와 부모 서로가 하고 싶은 말을 털어놓으면서 대화도 많아질 것이다. 그리고 부모는 아이들의 마음을 헤아릴 수 가 있다. 한 가정에서 같이 생활하면서도 서로 말 못하는 불만들이 꼭 있기 마련이다. 그런 것들을 정리함으로써 서로의 부족한 면을 확인하고, 서로에 대한 배려도 생기니, 이 방법을 독자 여러분도 꼭 실천해 보았으면 한다.

사이교인 헌법

1. 핸드폰은 중학생 밤 10시 이후, 고등학생은 11시 이후 사용금지 (위반 시 전원 핸드폰 압수한다. 타인에게 피해를 주지 않길!)
2. 남에게 차를 빼게 하지 말자.
3. 외출할 때는 반드시 아저씨에게 연락한다. 자기 마음대로 놀러 가는 약속을 잡지 않는다. (미리 아저씨에게 허락받고, 당일에 얘기하지 않기.)
4. 통금 시간은 여름철 18시 15분, 겨울철은 17시 15분이다. 반드시 지킬 것.
5. 남의 물건을 함부로 사용하지 않는다.
6. 전기, 가스, 수도, 기름을 절약하자. (무엇이든 공짜는 없다는 것을 명심해라!)
7. 자기 방에서 과자를 먹지 말 것.
8. 빨래, 욕조 청소 당번을 잊지 말 것.
9. 아침에 일어났을 때, 밤에 자기 전에는 반드시 인사하자.
10. 자기 방은 깨끗이 해놓자.
11. 일어나면 이불을 갤 것.
12. 부엌, 마루, 화장실, 욕실 등 모두가 함께 사용하는 공간은 다 같이 깨끗이 할 것.
13. 목욕은 간격을 두지 않고 차례로 들어갈 것. 중학생 이하는 20시 이전에 모두 끝내고, 일 때문에 늦게 오는 사람을 기다리게 하면 안 된다. (느릿느릿 목욕하고 있으면 뒷사람에 민폐를 끼침. 바로 다음 사람이 들어갈 수 있도록.)
14. 혼자 방에 박혀 있지 않는다. 방은 잠자는 곳.
15. 세탁물은 귀가 후 바로 가져갈 것. (계속 방치된 것은 버린다!)
16. 빨래나 설거지는 스스로 알아서 한다.
17. 남에 대한 배려를 잊지 말자.

고등학교 시절 나는 싸움이 일상생활이었다.

지금 말로 하면 바로 '일진' 이었던 것이다.

가난에 시달린 소년시절,

나는 부모님에 대한 반항을 하기 시작해

고등학교 때 퇴학을 당할 뻔 했다.

그런 나를 구해준 사람은 학교 선생님이었고

나의 아내가 된 마치코씨였다.

소중한 인연이 있었기에 나는 '야쿠자' 길로

빠지지 않았다.

03
'악동 스님'의 화려한 과거

'일진' 가출하다

실은 나는 여기를 찾아온 아이들을 보면 마치 지난 날 나의 모습을 보는 듯하다.

고등학교 시절 나는 성적이 괜찮은 편이라 '대학진학반'에서 일등을 하면서 당연히 일본 최고 학부인 도쿄대학교에 진학해야겠다고 마음먹고 있었다.

더군다나 나는 체격이 몹시 크고 뭐든지 지기 싫어하는 성격 탓에 학업만이 아니라 '힘의 세계'에서도 일등을 하고 싶어서 싸움질도 꽤 많이 하고 다녔다.

그 당시 '싸움'은 나의 일상생활과 마찬가지였다. 하루는 정종 병을 깨 그것을 무기로 삼아 네 명과 맞서다가 내가 그들을 찌르고 나도 찔렸던 적이 있었다. 지금도 나의 목덜미에는 그 당시 상처가 남아있다.

또한, 전철역 앞에 나가서 지나가는 사람들을 협박해 오천 엔, 한화로 약 7만 원씩 돈을 받아내기도 했었다. 나에게 돈을 주지 않은 자는 절대로 전철을 탈 수가 없었다. 남의 돈 뺏어 내 멋대로 쓰고 싶어서가 아니었다. 나는 나름대로 '학생원호회' 라는 조직을 만들어 주변의 중고등학생 중에 임신을 했는데 낙태수술을 할 돈이 없는 학생들에게 그 돈을 주기도 했었다. 이 사회에서 아무도 도와주지 않은 애들을 나의 힘으로 도와주고 싶었던 것이다.

그런데 그런 일들이 학교 선생님께 들켜서 무기정학을 두 번씩이나 당했다. 고등학교 2학년 때 일이었다.

그 당시 내가 흠뻑 빠져있던 만화가 모토미야 히로시의 ≪사나이 골목대장≫인데, 그 만화 주인공이 바로 나의 우상이었다. 주인공은 주먹으로 일본 전국의 패권을 다 잡아 나중에는 정치계까지 움직이는 멋진 영웅이었다. 그 만화 주인공처럼 큰 인물이 되겠다고 다짐한 나는 학교에서 무기정학 당한 그날 아무런 미련없이 집을 떠났다.

혼자 먹고 살려면 무언가 기술이 있어야 되는데 아직 어린 나이라 아무것도 할 수가 없었고 하는 수 없이 숙식을 제공해주는 일자리를 찾다가 장거리 트럭 운전기사의 조수가 되었다. 그런데 내 연락처를 나의 여자친구에게 편지로 알려주었더니 그녀가 바로 우리 부모님께 연락을 해버렸던 것이다. 갑자기 아버지와 누나 그리고 담임선생님 세 명이 내 숙소로 들이닥쳐 나는 집으로 끌려

아내가 있었기에
나는 지금까지 내 신념대로
활동을 할 수가 있었다.

갔다. 그 여자친구가 훗날 나의 아내가 된 마치코씨다.

가난에 시달렸던 어린 시절

지금 돌이켜보면 그 당시 내가 그토록 방황했던 이유는 바로 가난 때문이었다.

우리 집은 시골의 허름한 절이었고 할아버지도 아버지도 스님이셨다. 진절머리 나게 "전기를 끄라"고 외쳐대는 어머니. 그 어머니가 키운 4남매의 막내인 나. 형도 누나도 지독한 가난에 싫증이 나서 부랴부랴 독립해서 집을 떠나갔다.

일본의 경우 절은 세습으로 이어지는 경우가 대부분이고 절에서 태어난 자식은 대대로 가업을 이어받아 스님이 되는 것이 관례가 되어있다. 그런데 나의 형들은 가난한 절을 이어받기가 싫어서 일찍 집을 떠나버렸던 것이다. 그래서 혼자 남게 된 막내인 내가 이 절을 이어받게 되었다.

1989년 아버지 대를 이어 내가 이 절의 주지가 되었을 당시 우리 절의 '신도가정'은 서른여덟 집밖에 없었다. 일본 절의 수입원은 신도의 장례식이다. 즉 신도가 적다는 이야기는 바로 수입이 그 만큼 없다는 뜻이다.

"우리 집은 왜 이렇게 가난해?"

나는 어릴 때부터 항상 아버지를 원망하며 살았다. 장례식이 없으면 현금 수입도 없으니 어릴 때 간식은 항상 고구마뿐. 밥도 흰 쌀밥은 구경하기가 힘들어 항상 보리밥이었다. 학교에서 도시락 뚜껑을 열면 나 이외는 모두가 흰 쌀밥인데 말이다.

우리 동네는 시골이며 농사짓는 집이 대부분이라 오히려 다른 아이들은 먹을 것 걱정 안하고 사는데 아버지가 스님인 우리 집만 왜 이렇게 먹을 것이 없을까 생각을 했다. 나는 아버지가 신도 집에 제사 지내러 갈 때마다 필히 그 뒤를 쫓아다니며 과자를 얻어 먹었다. 그것이 어린 나에게는 유일한 낙이었다.

아수라장과 같은 집안 분위기

초등학교 때까지 나는 먹을 것에만 집착하며 살았는데 중학교에 올라가니까 사춘기가 와서 갑자기 부모님한테 반항하기 시작했다. 초등학교 4학년 때 아버지가 시켜서 나는 머리를 삭발했는데, 그 당시 나는 스님이 되려는 마음이 하나도 없었다. 아버지가 엄격하셨던 탓도 있지만, 항상 생활고에 불만을 품고 있었던 어머니의 마음이 내게로 전달되었던 모양이다. 몸과 마음이 성장하는 사춘기에 나는 그저 혼자 먹고살아야 되겠다는 독립심만 키우고 있었다.

이런 가난한 절에 시집 온 어머니는 어떤 분이셨을까? 어머니의 친정집은 꽤 잘 살았다고 들었다. 여학교 등교할 땐 항상 인력거를 타고 다녔다고 어머니는 우리에게 자랑하곤 했다. 일본 사람들이 생전에 꼭 한번 가고 싶어 한다는 순례지인 '이세신궁伊勢神

宮' 에 갈 때도 다른 사람들이 다 걸어가는 시절에 어머니는 역시 인력거를 탔으며, 여름 방학 때마다 해변가로 피서를 떠났다고 하셨다.

그런 어머니가 어떻게 해서 우리 아버지와 인연을 맺었는지 나는 잘 모르지만, 여하튼 어머니가 여학교 시절에 익힌 바느질 솜씨는 우리 생활에 큰 보탬이 되었다. 가난에 가장 많이 시달렸던 건 바로 우리 어머니이셨을 것이다.

그 당시 우리 집안은 나날이 아수라장과 같았다. 내가 빨간 옷을 입으면 아버지한테 '야쿠자깡패' 소리를 들었고, 청바지를 입으면 '불량아' 소리를 들었다. 아버지는 항상 나에게 버릇없다고 야단치셨고 때로는 밥통의 나무 뚜껑을 나에게 던지며 호령을 하셨는데 그것을 받은 나는 반성하기는커녕 도리어 아버지한테 뚜껑을 다시 던지면서 아버지의 화에 부채질했다.

격분한 아버지와 내가 마침내 몸싸움까지 벌이게 되면 어머니는 부엌에서 칼을 들고 "그만둬!"라고 외치면서 달려오기도 하셨다.

가난에 시달리고 가난 때문에 어린 나의 마음이 비뚤어지게 되었던 것이다. 정말 진절머리나는 가난 속에서 우리 가족은 살아가고 있었다.

그 아버지의 그 아들

그렇게 가난하고 허름한 절의 주지스님이셨던 아버지이지만 지금 돌이켜보면 우리 아버지는 신도에게 믿음을 주는 그런 존재였던 것 같다. 몇 안 되는 신도이지만 우리 절에는 항상 누군가가 찾아와 아버지하고 이야기를 나누고 있었다. 아버지는 친자식 남의 자식 구별 없이 나쁜 짓을 한 아이를 큰 소리로 야단치곤 했다. 엄격하면서도 남들을 잘 돌봐주는 그러한 성격이셔서 아버지를 따르는 사람들이 많았던 모양이다.

아마도 그런 아버지를 보면서 자란 나는 오늘날 아이들과 같이 지내는 요령을 저절로 익혀나간 것이 아닌가 싶다. 그리고 지금 나는 아버지의 옛 모습과 마찬가지로 우리 절에 찾아오는 많은 사람들과 이야기를 나누면서 지낸다. 내가 방황하는 아이들을 우리 절에 받아들이게 된 것도 어쩌면 아버지의 영향 때문이 아닌가 싶다. 역시 그 아버지의 그 아들이라.

우리 절에는 '꿈'이라고 쓴 족자가 있는데 바로 아버지가 쓰신 것이다. 서예에 능숙하신 아버지는 절에서나 동네 학교에 나가서 아이들에게 서예를 가르치셨는데 아버지가 돌아가신 지 10여 년이 지난 지금도 아버지의 제자라고 하는 사람들이 많이 찾아올 정도이다. 아마도 내가 진짜 '야쿠자'가 되지 않았던 이유는 아버지가 흰 쌀밥을 먹는 아이들의 스승이라는 자부심이 있었기 때문일 것이다. 학교 점심시간마다 보리밥뿐인 도시락 뚜껑을 열기가 쑥스러웠던 나지만 그래도 위축되지 않고 살았던 것은 서예선생님

이셨던 아버지 덕분이 아닌가 싶다.

우리 아버지가 여든여덟 살에 돌아가셨을 때 장례식에 무려 천만 엔, 약 1억 4천만 원을 소비했다. 허름한 절에 어울리지 않는 성대한 장례를 치렀던 것은 그만큼 우리 아버지를 알고 지냈던 사람이 많았다는 뜻이기도 한다. 그 사실에 나는 갑자기 어깨가 무거워지는 것을 느꼈다. 아버지가 남기고 가신 인간관계를 앞으로 어떻게 유지하며 살아야 될지, 나에게 그런 무거운 짐을 짊어지게 하고 떠나신 아버지가 원망스럽기만 했다.

그런데 아버지의 '사십구재'를 지내면서 나는 처음으로 깨달았다. 나는 종교인으로서 이 절에 모시는 본존本尊을 지키고 살아야 된다는 것을.

그 당시 나는 주변에서 '청년실업가' 소리를 들으며 잘 나가던 시기였다. 통신기기 전문 대기업 계열의 한 회사에서 영업도 해봤고 학습교재 대리점 영업과 학원경영 등 이것저것 하는 일마다 다 잘 돼 수입도 괜찮았다.

그런데 아버지가 돌아가시자 우리 절을 지켜야 되는 입장이 되었던 나는 고민 끝에 그 동안 해왔던 모든 일을 포기하고 우리 절의 본존불을 지키는 일에만 몰두하기로 결심했다. 사회에 나가서 이런저런 일을 하면서 나는 앞으로 돈보다 마음을 중요하게 여기는 세상이 올 것이라고 예감하고 있었던 것이다. 1990년 나는 고향으로 돌아가 시골 절의 주지스님이 되었다.

어머니를 보내고 어머니의 마음을 알았다

아버지가 돌아가시고 나서 내가 다시 이 절로 돌아왔을 때만 해도 솔직히 말해 나는 신앙에 대한 깨우침을 가지고 있지는 않았다. 다만 나 이외엔 가업을 이을 자식이 없는 상황에서 어쩔 수 없는 선택이었다. 그런 나에게 불자의 마음을 일깨워주신 분이 바로 어머니셨다.

어머니는 아버지가 돌아가시고 나서 4년 후 아흔두 살까지 장수하시다가 돌아 가셨는데 어느 날 어머니의 유품을 정리하다가 낡은 일기장을 발견했다.

"구니미츠 이놈 자식, 담배 사러 간다고 집을 나가 삼일 째 돌아오지 않는다. 나무아미타불", "구니미츠 이놈 자식, 오늘도 어디서 싸움질 하다가 돌아왔다. 나무아미타불", "아들 학교 담임선생님이 나보고 학교로 오라고 하신다. 또 무슨 일을 저질렀는지, 나무아미타불."

나에 대해서 쓴 어머니의 글은 항상 '나무아미타불'로 끝을 맺고 있었다. 그 어머니의 일기장을 보면서 나는 울고 또 울었다. 나를 걱정하는 어머니의 진심이 거기에 담겨있었기 때문이다.

'서방극락정토 西方極樂淨土' '나무아미타불 南無阿彌陀佛' 이라고 손을 모아 자식을 위해 기도하는 어머니의 마음은 마치 부처님 마음과도 같다. 나 몰래 어머니는 나를 위해 수 없이 기도하셨을 텐데 나는 왜 그런 어머니의 마음을 모르고 지냈을까? 어머니가 살아 계실 때 그 마음을 알았더라면 좋았을 텐데….

1994년 여름 우리 동네에서는 해마다 양력 8월 13일부터 16일까지가 우란분회 盂蘭盆會, 돌아가신 조상을 위해 재를 올리는 불교행사이며, 원래는 음력 7월 15일에 거행하는데 음력을 사용하지 않은 일본에서는 양력 8월 15일 쯤에 거행한다 기간인데 나는 다른 절에 가서 근행 勤行을 드리다가 8월 16일 저녁에 집으로 돌아오자마자 심근경색으로 쓰러져 병원으로 옮겨졌다.

그런데 그 다음 날인 8월 17일 오전 10시 12분에 어머니가 갑자기 돌아가셨다. 나는 급히 퇴원해서 혈관확장 성분이 있는 니트로글리세린을 마시며 어머니의 장례식을 준비했다. 살아 계실 때 내내 속썩인 못난 자식이 어머니의 마지막 가시는 길만은 충분히 모셔야겠다고 마음먹고 장례식을 무사히 끝내고 나서야 내 마음이 조금 풀린 듯했다.

솔직히 불효자식이었던 나지만 그 동안 알게 모르게 어머니 아버지에게 받았던 가르침이 마음속에 있었던 것이다. 그리고 그 마음은 우리 자식들에게도 이어져갈 것이고 우리 절을 찾아오는 많은 아이들하고의 관계 속에서 되살아날 것이라고 나는 믿는다.

내 마음을 잡아주었던 소중한 인연

학창시절 내가 꽤나 건달 같은 짓을 하고 다녔던 것은 바로 먹고살기 위한 수단 즉 생존을 위한 투쟁이었다. 워낙 가난한 우리 집에선 성장기의 청소년이 충분히 먹을 것조차 구하기 어려운 상황이었다.

그러나 그렇다고 그런 짓이 정당화 되지는 않겠지만 남의 돈을 빼앗는 행위가 단지 나 혼자를 위해서가 아니라 나와 같은 처지에 있는 친구들을 구하는 일이기도 했다.

나쁜 짓을 많이 했지만 내 마음 한 구석에서는 항상 이런 생각이 있었다. 내가 다니는 고등학교에서 서예 선생님으로 일하고 계시는 우리 아버지한테 골탕 먹이는 짓은 하지 말아야 되겠다고. 깡패이긴 하나 자기 나름의 철학을 가지고 행동했다고나 할까? 우리 부모님 모습을 보면서 부처님의 가르침에 어긋나면 안 된다는 생각을 항상 가슴에 품고 지냈다.

지금 돌이켜보면 내가 진짜로 '야쿠자'가 안 되었던 이유는 두 번의 좋은 인연이 있었기 때문이다. 첫 번째는 나의 아내가 된 마치코씨와의 만남이다. 중학교 1학년 때 처음 만난 마치코는 내가 방황하기 시작해도 나를 믿고 내가 더 나쁜 길로 나아가지 않도록 항상 옆에서 잡아주었다. 마치코는 나에게 이렇게 말했다. "나는 커서 여성 경찰관이 되어 너를 체포할 거야"라고. 그 말이 씨가 되어 지금 나는 아내한테 잡혀서 살고 있다.

두 번째 인연은 고등학교에서 영어를 가르쳤던 학생지도 담당

교사인 가미야 선생님과의 만남이다. 가미야 선생님은 학생들이 나쁜 짓을 하면 검도할 때 쓰는 대나무로 만든 죽도로 마구 때리는 무서운 선생님이었다. 그러나 우리가 경찰에 끌려가더라도 절대로 포기하지 않고 우리를 돌봐주는 그런 분이었다.

우리를 위해 목숨 걸고 분주하게 다니시는 선생님의 마음을 알고 나서 나는 스스로 삶의 방식을 바꾸려고 노력하기 시작했고 다시 공부에 열중했다. 이런 소중한 인연이 있었기에 나는 더 이상 비행의 길로 나가지 않았던 것이다.

물론 그 후에도 이전 친구들과 어울려 밖에서 놀다 밤늦게 돌아오더라도 새벽까지 공부에 집중했다. 그래서 학교에 가서 졸기만 했던 내가 다시 일등을 하니까 다들 놀란 표정이었다. 나는 사람들 앞에서 자랑하듯 공부하는 것보다 안 보이는 데서 공부하는 것이 더 멋지다고 생각하고 있었다.

공부가 잘 되니 나는 당연히 일본 최고 학부인 도쿄대학교로 진학하려 마음먹었고 어느 정도 자신감도 있었다. 그러나 내가 대학 입시를 치른 1969년은 마침 일본에서 학생운동이 가장 활발한 해였고 도쿄대학교 역사상 유일하게 입시를 치르지 못했던 한해였다. 다른 대학교는 전혀 생각을 안 하고 있었던 나는 어쩔 수 없이 아버지의 권유로 불교대학교로 알려진 다이쇼大正 대학교에 입학했다. 그러나 그 당시만 해도 나는 불자가 되겠다는 마음도 신앙에 대한 믿음도 전혀 없었다.

아내와의 50년 인연

매일 아침 눈을 뜨면 나는 아내 마치코한테 어김없이 반복하는 말이 있다. "여보, 잘 잤어?" 그리고 "여보, 고마워"라는 두 마디다. 만약 출장으로 멀리 있어도 나는 일어나면 바로 아내한테 전화를 건다. 아내가 있었기에 나는 지금까지 내 신념대로 활동할 수가 있었던 것이다.

아내를 처음 만난 것은 지금으로부터 50년 전인 중학교 1학년 5월 8일이었다. 중학교에 올라간 나는 옆 반에 예쁜 여학생이 있다는 말을 듣고 바로 옆 반으로 달려갔다. 그 청순하고 날씬한 모습은 당시 최고 인기 가수던 사쿠라다 준코를 꼭 닮았었고, 나는 한 눈에 반했다.

이제 결혼한 지 39년이라는 세월이 지났는데도, 나는 지난날 부모님께 반항했을 때 나를 바로 잡아주었던, 그리고 가난한 절에 시집와서 내가 데리고 온 많은 아이들을 돌보아주었던 아내에게 항상 감사하는 마음으로 하루하루를 보낸다.

우리 절에서 지내는 아이들은 바로 우리 부부의 모습을 지켜보고 있다. 그리고 가족이란 서로 도와가며 아끼면서 사는 존재라는 것을 피부로 느끼고 있을 것이다. 그런 기본적인 것조차 모르고 자란 아이들이 많은데, 이곳에서의 생활을 통해 아이들 나름대로 서로에 대한 이해심이나 배려를 배워나갈 수 있을 것이다.

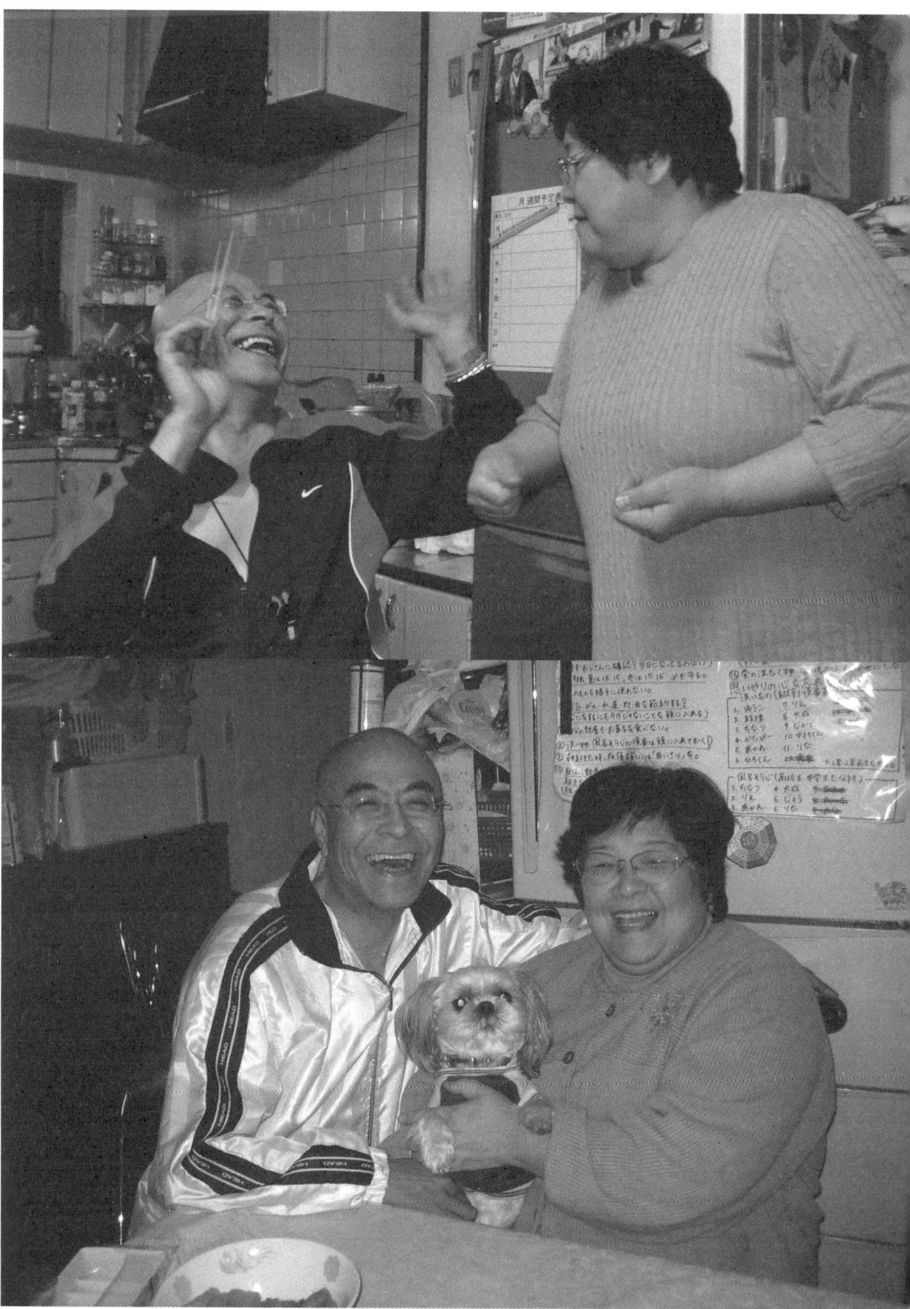
HEAD

어느 날 만난 눈먼 노부부께

아침저녁으로 공양을 드리는 8년 동안

나는 남을 위해 일하는 즐거움을 배웠고 나의 즐거움이

주변 사람들에게도 전달이 된다는 사실을 알았다.

같은 일과를 계속 반복하면서 그 속에 담겨 있는 진실이

주변 사람들에게 전해졌다는 사실을 알았을 때

나는 큰 보람을 느꼈다.

인간으로 태어난 우리가 해야 할 일은

바로 '다른 사람을 위해 일하는 것' 이다.

04

도시락 배달하며 배운 마음

아이는 부모의 등을 보고 자란다

자식을 어떻게 키우면 좋을지 고민하는 부모들이 많을 것이다. 그럴 때는 먼저 부모 스스로가 어떻게 살고 싶은지를 생각해볼 필요가 있다. 어른들의 삶이 바로 자식들의 거울이 되어 아이들을 어떻게 가르쳐야 되는지에 대한 답을 준다고 나는 믿는다. 일본에선 '아이는 부모의 등을 보고 자란다' 라는 속담이 있다. 정말 옳은 말이다.

그러면 자기 스스로는 어떻게 살면 될까? 이 세상에서 가장 근본적인 삶의 진리를 한마디로 말하자면 '남을 위해 어떻게 살아야 할까' 다. 다른 말로 하면 '타자를 위해 나의 소임을 어떻게 다할까?' 라고 할 수 있다.

나는 한 종교인으로서 자신의 길을 찾지 못해 방황하는 아이들이나 자식 문제로 곤경에 빠진 부모를 구하는 것이 부처님이 나에게 주신 소임이라 여긴다. 내가 하는 모든 일이 부처님의 손발이 되어서 움직이는 것이라 생각하면 나는 나의 소임에 대해 오만해지지 않고 기쁨을 느낄 수 있다.

'소임을 다하다' 는 말을 생각할 때 항상 떠오르는 이야기가 있다. 그것을 소개하면서 타자를 위해서 사는 의미를 생각해 보고자 한다.

우리 동네에서 만난 눈먼 노부부

어느 날 나는 우리 동네에 있는 절에 설법을 하러 갔는데 거기서 눈이 먼 노부부를 만났다. 부부는 나의 이야기를 듣고 감격했다고 하면서 나에게 말을 걸어왔다.

"스님, 시간 있으면 우리 집에 놀러 오시지요."

나는 흔쾌히 승낙해서 찾아갔다. 그 부부에겐 자식이 없었고, 부부가 같이 그 동네에서 제공하는 노인복지서비스를 이용하면서 일상생활을 유지해 나가고 있었다. 그러다가 가끔씩 동네 절을 찾아다니면서 설법을 듣는 일을 즐거움으로 여기며 살고 있다고 했다.

내가 노부부의 집을 찾아갔더니 오르간 소리가 들려왔다. 할아버지가 왼쪽과 오른쪽 집게손가락만 가지고 일본 가곡을 연주 하고 있는 것이었다.

내가 인사를 하며 집에 들어가니 할아버지는 "여기 앉으시오.

내가 스님 어깨 주물러 드릴게요"라고 했다. 눈먼 할아버지는 안마사로 오랫동안 일을 했다고 설명했다. 내가 어깨는 안 아프다고 하자, 그럼 차 대접할 테니 부엌에서 주전자 좀 갖다 달라는 것이었다.

부엌으로 들어가서 보니 가스레인지 위에 주전자가 있었고 물이 아직 식지 않았으니 그것을 가지고 가려고 했는데 갑자기 내 머리 위로 컵라면 50개 가량이 마구 쏟아져 내렸다. 깜짝 놀라 할아버지를 불렀더니 부부는 매일 아침마다 컵라면을 먹고 있다고 하는 것이다. 자식이 있으면 노부부에게 따뜻한 밥이라도 챙겨줄 텐데, 나는 딱한 마음이 들었다.

할아버지는 7남매 중 막내였는데, 형들은 모두가 술이나 도박에 미쳐 부모 재산 다 날리고 이미 세상을 뜬 지 오래되었다고 했다. 노부부에겐 의지할 식구 하나 없고 눈이 안 보임으로 고생도 많았고 남한테 당한 일도 많았다고 했다.

집에서 안마 일을 할 때는 시계를 볼 수 없으니 손님이 일부러 시간을 제대로 가르쳐주지 않아 계속 안마를 하게 했다든지, 회를 먹고 싶어 식당에 갔는데 옆에 앉아있던 사람이 간장이라고 하면서 소스를 건네주었다든지, 그동안 당한 일이 수도 없이 많긴 하지만 그래도 자기는 눈이 멀어서 도박에 미치진 않았으니 다행이라고 했다.

이런저런 이야기를 하고 헤어져 일주일이 지난 어느 날 할아버지한테 전화가 걸려왔다. "머리가 아파 죽겠어. 정말 죽을 것 같아!" 내가 부랴부랴 할아버지 집을 찾아가니 할아버지는 40도를 넘는 열 때문에 신음하고 있었다. 나는 할아버지를 업고 차에 태워 병원으로 향했다. 폐렴에 걸리기 직전이며 링거주사를 맞고 겨우 열이 내렸다. 할머니는 집에서 혼자 걱정이 큰 나머지 문 안팎을 몇 번씩이나 들어갔다 나왔다 하면서 우리를 기다리고 있었다.

아침마다 노부부에게 드리는 공양

할아버지를 모시고 저녁에 집에 돌아오니 노인복지관에서 보내온 도시락이 배달되어 있었다. 밥은 식었지만 반찬이 여러 가지 들어있어서 "할아버지, 맛있겠어요"라고 하자 할아버지는 "오늘은 그런 것 먹기 싫다"라고 한다. 그래서 "내가 도시락을 만들어 드릴까요?"라고 하자, 할아버지는 "스님이 만들어주면 기꺼이 먹겠다"라고 하는 것이다.

급히 집에 돌아와서 냉장고를 열어보니 마침 장어양념구이가 있었다. 나는 장어를 잘게 썰어 따뜻한 밥과 잘 섞어 도시락을 만들어 다시 할아버지 집으로 갔다. 할아버지는 "장어는 정말이지 11년 만에 먹는구나"라고 하며 기분 좋게 다 드셨다.

그런데 지난 번 내 머리 위로 쏟아져 내린 컵라면이 마음에 걸렸었다.

"할아버지, 괜찮으시면 내일 아침도 배달해 드릴게요. 무엇을 먹고 싶은지 말씀하세요."

"난 죽기 전에 한번 우메보시 일본식 매실 장아찌가 든 흰 쌀죽을 먹었으면 소원이 없겠어."

이것이 바로 노부부에 대한 내 공양 소임의 시작이었다. 나는 아침마다 매실 장아찌가 든 흰 쌀죽을 끓여서 과일과 야쿠르트와 함께 배달했다. 그런데 아침마다 내가 드나들기 시작하니까 이번에는 동네 사람들의 눈이 나에게 집중되기 시작했다.

"저 스님이 오늘도 또 왔네. 할아버지 재산이라도 노리고 있는 걸까?"

일부러 내 귀에 들리도록 크게 그런 말을 하는 동네 사람도 있었다. 나는 속으로 "이런 말까지 들으면서 공양을 올려야 되는 것일까?"하고 불평을 하고 싶어졌지만, "그래, 누구든지 하고 싶은 말이 있으면 다 해라. 나는 내가 하고 싶은 대로 할 테니까"라고 다시 마음을 잡았다.

그런데 일주일 가량 흰죽을 드신 할아버지가 "정말 흰 쌀죽은 맛이 있는데, 가끔은 계란죽도 먹고 싶어"라고 말하자, 나는 아차 했다. 그렇다. 매일매일 같은 메뉴면 누구든지 싫증이 난다. 생선을 조릴 때도 간장으로만 조리지 말고 된장 조림도 맛이 있지 않은가? 나는 다음날부터 아침마다 이것저것 생각하면서 노부부한테 드리는 공양 메뉴를 정했고 어느새 그것은 나의 하루의 즐거움이 되었다. 바로 할아버지가 나에게 가르쳐준 즐거움이었다.

내가 즐거우면 그 마음이 주변에 전파된다

그런 식으로 3개월이 지난 어느 날 할아버지 집 앞에 동네 사람들이 줄을 서서 나를 기다리고 있었다. 나한테 또 무슨 할 말이라도 있나 의아해하면서 차에서 내리자 한 사람이 나에게 이렇게 말했다.

"스님, 고맙습니다. 실은 동네 사람들이 해야 할 일인데 스님이 이렇게 해주시니 정말 고맙습니다."

그러자 모두가 나를 향해 합장하는 것이었다. 나는 그때 새로운 사실을 다시 배운 심정이었다. 내가 즐거운 마음을 가지면 그 즐거움이 주변 사람에게도 전달된다는 사실 말이다.

매일 아침저녁으로 하루도 빠짐없이 도시락을 배달하면서 나의 마음이 그 동네 사람들에게 전달이 되었던 것이다. 같은 일과를 계속 반복하면서 그 속에 담겨져 있는 진실이 주변 사람에게 전해졌다는 사실을 알고 나는 큰 보람을 느꼈다. 그 보람은 내가 우리 절에서 아이들을 받아들여 같이 생활할 때도 큰 도움이 되었다.

기쁜 마음이란 어떤 것일까? 나는 우리 절 아이들에게 그 마음을 배웠다.

나는 눈먼 노부부한테 아침저녁 도시락 배달을 하면서 가끔 우리 절 아이들을 같이 데리고 다녔다. 그러자 아이들이 나에게 이런 말을 하는 것이다.

"할아버지, 할머니도 단맛을 좋아하실 텐데, 과자나 떡 같은 간

나는 남을 위해 일하는 즐거움을 배웠고
나의 즐거움이 주변 사람한테도
전달이 된다는 사실을 알았다.

식도 같이 챙겨드리면 어떨까요?"

"그래, 점심시간에 식사 대신 먹을 수 있는 간식거리도 같이 배달해 드리자"라고 나는 아이들과 이야기했다.

가끔 아이들과 함께 장을 보러 나가면 "요새 딸기가 맛이 있는데 할아버지 할머니도 드시고 싶을 거예요", "오래간만에 케이크는 어떨까요?", "팥떡도 좋아하시겠지요"라고 아이들이 나에게 제안을 한다. 그래서 나는 간식을 챙겨드리는 즐거움을 만끽했다.

소임을 다하는 의미를 깨우쳐준 노부부

그렇게 8년이 지난 2008년 12월 27일 할아버지가 "내일부터 며칠 동안은 도시락이 필요 없네"라고 말했다. 이번 연말과 연초에는 보살피는 가족이 없는 노인들이 복지관에 가서 같이 지낼 수 있게 되었다고 하는 것이다. 우리 지역의 복지정책이 그만큼 좋아진 것이구나 생각했다. 그래서 신년을 맞이하여 1월 4일에 새해 떡국을 끓여서 배달하겠다고 약속하고 할아버지, 할머니와 인사를 나누고 헤어졌다.

새해 1월 4일 아침 나는 약속대로 집에서 끓인 떡국을 들고 할아버지 집을 찾았는데 아무 대답이 없었다. 집으로 전화를 해봐도 아무도 받지 않았다. 이상하다. 내가 날짜를 잘못 기억했나 싶어서 집으로 돌아가 다음 날 아침에 또 다시 떡국을 들고 찾아갔다. 그런데 역시 집에는 아무도 없는 것이었다.

나는 복지관에 전화를 걸었다. 전화를 받은 직원이 나에게 연락을 못 드려서 미안하다며 며칠 전에 복지관에서 식중독이 발생했는데, 지금 원인을 조사 중이니 복지관에 있는 분들을 집으로 돌려보낼 수가 없고, 아마 1월 27일 저녁이면 집으로 보내드릴 수 있을 거라고 했다.

1월 27일 저녁, 오랜만에 할아버지한테 전화가 걸려왔다. "나도 할머니도 아주 건강하게 잘 있으니까 걱정하지 말고 내일 아침 떡국 갖다 주었으면 좋겠네. 그런데 떡이 목에 걸리면 큰일 나니까 떡은 조금씩 잘라서 넣어주시오"라고 아주 기운이 넘치는 목소리였다. 그것이 할아버지와의 마지막 통화가 되리라고는 상상조차 못했었다.

이튿날 아침 6시 반쯤 내가 부엌에서 떡국을 준비하고 있는데 전화가 울렸다. 이 지역의 민생위원이라고 했다.

"스님, 할아버지가 돌아가셨습니다. 지금 우리가 검시 중입니다."

나는 부랴부랴 달려갔다. 어젯밤에 한 달 만에 집에 돌아온 노부부는 기분 좋게 잠자리에 들었는데 할아버지가 밤중 집 밖에 있는 화장실에 갔다가 추운 공기를 쐬어 뇌경색을 일으켜 쓰러졌던 것이다. 검시 결과는 동사였다. 할머니는 눈만 먼 게 아니라 귀도 멀어서 할아버지가 부르는 소리를 듣지 못했던 것이었다. 나의 8년 3개월 21일 동안의 공양 소임은 이런 식으로 막을 내렸다. 나는 할아버지의 장례를 치르고 출관할 때 할아버지가 좋아했던 일본 가곡 '황성의 달 荒城之月' 을 배경음악으로 하고 할아버지를 보내드렸다.

할머니는 혼자 집에 있을 수가 없다고 해서 할머니가 원하는 대로 우리 절로 모시고 왔다. 그 해 여름 할머니는 병세가 악화되어 입원을 했고 결국 그 해 11월에 돌아가셨다. 바로 돌아가시기 전 날 마침 할머니 생신날이라 나는 케이크를 들고 병원에 문안하러 갔었는데 그 이튿날 아침에 돌아가신 것이었다. 나는 이 노부부를 통해서 "타자를 위해서 소임을 다 한다"라는 뜻을 정말 잘 배웠으며 진심으로 감사하고 있다.

우리도 바로 실천할 수 있다

≪관무량수경 觀無量壽經≫에 '불심이란 대자비 大慈悲 시다' 라는 구절이 있다. 남을 위해서 일하며 기쁜 마음을 갖는다는 뜻이기도 하다. 이것을 좀 더 자세하게 해설 해보면,

1. 항상 기쁜 마음을 갖는다.
2. 조금이라도 남을 위해 도움이 될 수 있는 인생을 보낸다.
3. 나보다 먼저 남의 행복을 빈다.

바로 이 세 가지는 내가 눈먼 노부부에게 배운 깨달음이었다. 싫다고 하면서 일을 하는 것이 아니라, 이것은 나의 소임이라고 생각하고 어떤 어려움이 있더라도 남을 원망하지 않고 즐거운 마

어떤 어려움이 있더라도 남을 원망하지 않고
즐거운 마음으로 임하자.
나의 행복을 빌기 전에 꼭 남의 행복을 먼저 빌자.

음으로 임하자는 것이다. 그리고 나의 행복을 빌기 전에 꼭 남의 행복을 먼저 빌자는 가르침이다.

우리는 저 하늘 머나먼 곳에 있는 범천梵天에서 아주 귀한 인간의 모습으로 생명을 얻어 이 세상에 태어났다. 참으로 기적적인 일이 아닐 수가 없다. 그리고 인간으로 태어난 우리가 해야 할 일은 바로 '다른 사람을 위해 일하는 것' 이다.

'무재칠시無財七施' 라고 하여 돈을 들이지 않고 남을 위할 수 있는 일곱 가지 보시의 방법이 있다.

1. '안시眼施' 는 눈으로 하는 보시다. 자애로운 눈으로 상대방을 대하자는 뜻이다.
2. '화안시和顔施' 는 환한 미소, 웃는 얼굴로 사람을 대하자는 뜻이다.
3. '언사시言辭施' 는 남을 배려하는 따뜻한 말로 대화하자는 뜻이다.
4. '신시身施' 는 남을 위해 열심히 일하자는 뜻이다.
5. '심시心施' 는 '불심의 보시' 라고도 한다. 온화한 마음으로 사람을 대하자는 뜻이다.

6. '상좌시 床座施' 는 예를 들어 전철이나 버스 안에서 나이 많은 분이나 몸이 불편한 분이 있으면 자리를 양보하라는 뜻인데, 나아가서는 자신의 직위를 아낌없이 남에게 양보하는 뜻으로도 쓰인다.
7. '방사시 房舍施' 는 사람이 찾아오면 잠자리를 내놓는다는 뜻이다. 즉 찾아온 손님을 따뜻한 차로 대접하고 자고 가도록 하는 것이다.

생각해보면 이 정도 보시는 누구든 한두 가지씩 바로 실천할 수 있는 일이다. 오늘부터라도 내가 할 수 있는 일을 찾아서 실천하면 우리는 자비로운 부처님 세상에 더 가까워질 수 있을 것이다.

시대에 따라 청소년 비행 형태도 달라지고 있다.
사람과의 유대관계가 점점 약해지고
마음이 외로운 시대일수록 지역사회에 있어서
어른들의 역할이 크다.
내가 서 있는 자리에서 할 수 있는
일은 얼마든지 있다.
내가 먼저 실천하는 것이
바로 우리 아이들을 지킬 수 있는
지름길이자 사회를 밝게 만드는 활력소이다.

05
우리가 실천할 수 있는 일

일본사회의 4단계 비행非行 시기

일본사회에서 청소년 비행이 크게 문제가 되었던 시기를 나름대로 구분해보면 네 가지 단계로 나눌 수가 있다.

제1차 비행 시기는 1950년 전후로 '생존을 위한 비행'의 시기다. 태평양전쟁이 끝나고 뭐든지 부족하여 먹고 살기 위한 도둑이 많았던 이 시기에 청소년들의 마음도 황폐해졌다.

제2차 비행 시기는 1960년대 후반이다.

1964년 도쿄올림픽이 끝나고 나서 '사회에 대한 비행'의 시기가 시작되었다. 일본국민 모두가 잘 살기 위해 악착같이 일했던 이 시기는 바로 일본의 고도경제성장기이다. 집에 텔레비전이 생기고 냉장고도 생기고, 사회가 급속도로 발전하면서 경쟁사회가 시작되었다.

남보다 더 잘 살기 위해 부모들은 분주했고, 집에서 가족끼리 오순도순 지내는 시간이 확연히 줄어들었다. 가족과 따뜻한 정을 나눌 수 없는 아이들이 학교에서 폭력을 휘두르고 어른들한테 저항하기 시작했다. 대학가에선 '학생운동' 이 활발해지면서 권력에 대한 젊은이들의 저항이 사회 이슈가 되었던 시기이기도 한다.

제3차 비행 시기인 '놀기 위한 비행' 은 1990년대부터 시작되었다. 바로 이 시기, 일본의 경제성장은 정점을 이루었으나 바로 거품경제는 종말을 맞게 되었다. 경제성장의 달콤한 꿈속에서 자라난 아이들은 눈에 뛰게 기발한 옷차림과 행동으로 자신의 의사를 표현하려고 했다. 얼굴을 새까맣게 태우거나 화장으로 얼굴을 까맣게 칠한 아이들, 그리고 남의 눈치를 안보고 어디서든 바닥에 앉아있는 아이들이 여기저기에 나타났다.

철저한 관리교육으로 인해 학교 내 폭력사태는 주춤해지고 아이들은 단순한 반항을 하지 않으려고 했다. 그런데 경제적으로나 물질적으로 풍부하면서도 집에서 부모와 접촉하는 시간이 적은 아이들은 항상 외롭다. 그래서 자극적이고 위험한 짓을 하기도 하고 마치 노는 감각으로 비행을 즐기기 시작한 것이다.

지금은 **제4차 비행 시기**인 '담백한 비행' 의 시기이다.

거품경제가 막을 내려 '잃어버린 10년' 이라고 불리는 경제침체

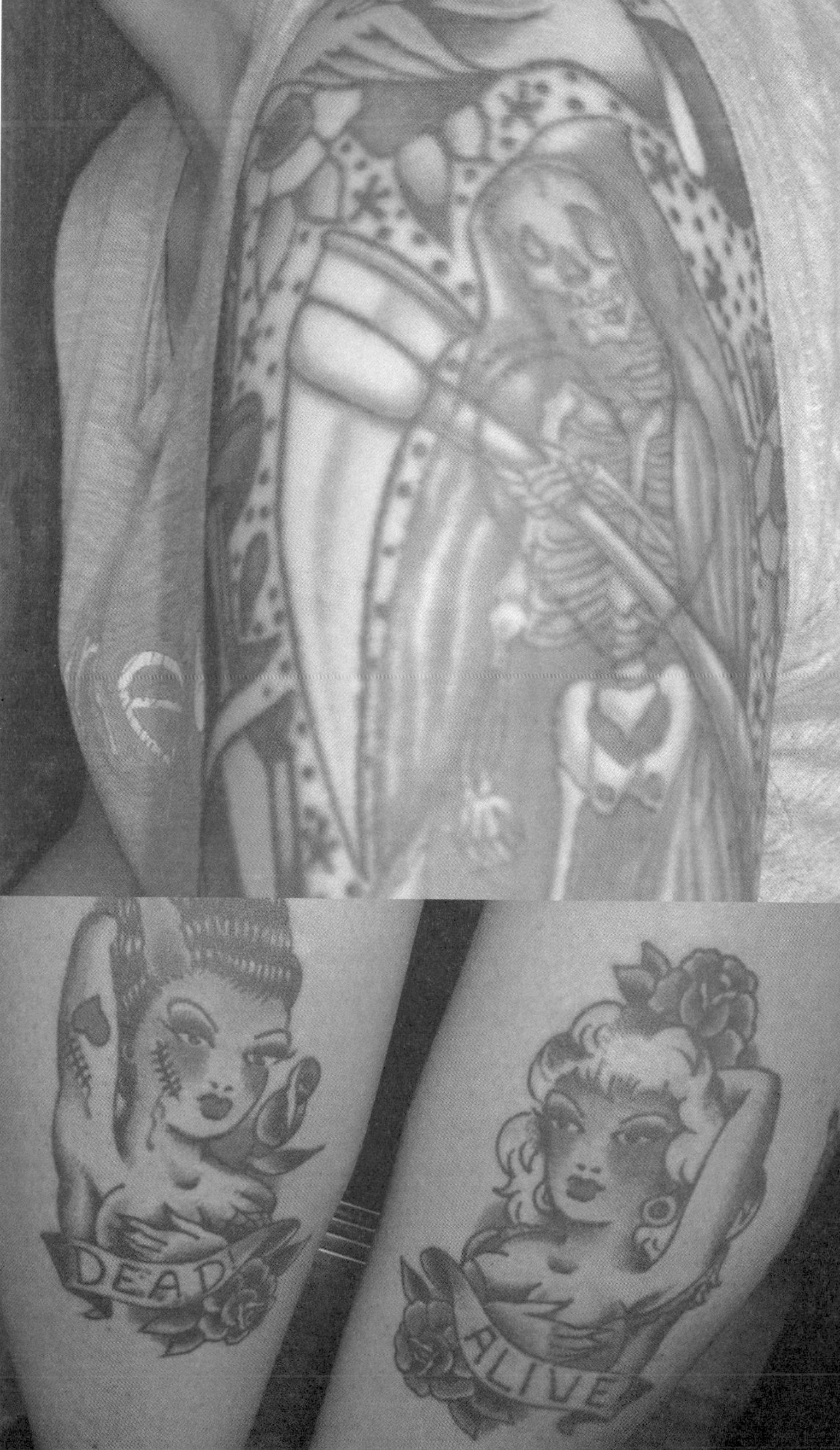
DEAD
ALIVE

시기를 거쳐 100년만의 '대불황' 시대가 찾아왔다. 인간관계는 갈수록 희박해지고, 부모는 아이가 특별한 문제를 일으키지만 않으면 뭐든지 눈을 감아주려고 하는 이해심을 보이는 경향도 생겼다. 담배를 피든 하루 정도 집에 안 돌아오든, 부모는 아이의 행동을 타이르지 않는 극도의 개인주의적인 무관심의 시대가 찾아왔던 것이다.

마음을 살리고 이웃간의 정을 살리자

아이들을 돕는 한 불자로서 나는 스님들이 모이는 법회에 나갈 때마다 "이제 '심생心生의 시대'가 찾아왔다. 불자들이 긴급대피소가 되자!"라고 이야기 한다. '공생共生의 시대'라는 말도 있는데, 공생의 시대는 이제 막을 내렸고 지금은 '심생의 시대'라고 나는 본다. 사람과 사람과의 유대관계는 점점 약해지고 마음이 외로운 시대, 마음의 성장이 어려운 시대가 찾아온 지금이야말로 마음을 살리는 '심생의 시대'가 아닌가 싶다.

동네사람들끼리의 유대관계가 희박해지고 결속력이 약해진 지금 지역사회에 있어서 스님의 역할이 더욱 커졌다고 생각한다. 그런데 스님에게만 기대를 하고 있으면 시기를 놓칠 수도 있다. 아이들은 지금 이 순간에도 어른들에게 구조신호를 보내고 있기 때문이다. 그래서 지역사회에 사는 모든 어른들은 할 일이 참 많다.

"옛날이 좋았다"라고 하는 사람도 많이 있는데, 우리 다시 옛날식으로 돌아가 보면 어떨까? 한국에 '이웃사촌'이라는 말이 있다고 하는데, 일본에서도 '앞집, 옆집, 모두 이웃'이라는 말이 있었다. 어려웠던 시절, 이웃끼리 서로 도와가면서 살자는 구호였는데, 인정이 매마른 현대사회에 있어서 이웃주민끼리 사이좋게 지내는 정다운 인간관계야말로 지금 우리에게 꼭 필요한 것이 아닐까 싶다.

어른들이 먼저 동네사람끼리 인사를 나누자. 그리고 동네 사람들과 친하게 지내자.

건전한 지역사회를 만들기 전 가정 내에선 자신의 역할을 제대로 행사하는 것이 중요하다. 아버지는 아버지대로, 어머니는 어머니대로 서로의 역할을 다 하고 사이좋게 지내야 한다.

어르신들이 할 수 있는 일

나는 '이웃집 아저씨 아줌마 운동'을 제안한다. 옆집 할머니 할아버지도 이웃집 아이들도 모두가 나의 가족이라는 시민연대의식을 가지고 특히 어른들은 같은 동네 아이들을 아끼고 지켜주는 운동을 벌이자는 것이다.

자기 자식을 야단치듯이 이웃집 아이들에게 관심을 가지고 나쁜 짓을 하면 타이르고 한다면 그것이 아이들을 비행에서 지켜주는 하나의 해결책이 되지 않을까 싶다. 무엇보다 아이들에게 그런

四宜齋

이웃 어른들의 정을 느끼게 해주고 싶다.

내가 어릴 때는 집집마다 목욕물을 데우는 것이 낭비라 해서 이웃집을 돌며 목욕을 했었다. 불편하긴 했지만 그런 이웃관계가 있으면 무슨 일이 생길 때마다 동네사람들 서로가 문제해결에 도움을 줄 수도 있다. 사소한 문제는 그런 식으로 해결해야 마땅하다고 나는 생각한다.

나의 제안으로 동네 어르신들을 중심으로 '8.3 운동'을 실천하는 지역이 있다. 아침 8시와 오후 3시에 집에 있는 어르신들은 모두가 집 밖으로 나가 지나가는 아이들에게 말을 걸자는 운동이다.

그 시간은 학생들의 등하교시간이다. 어르신들이 동네 아이들의 얼굴과 이름을 익히며 아이들에게 관심을 보임으로써 아이들 상태를 파악할 수가 있다. 아이들은 스스로가 행동을 조심하기도 하고 어른들이 자기를 지켜보고 있다는 안도감을 갖는다. 아이가 어른에게 인사하는 것을 강요하는 게 아니라, 오히려 어른이 아이들에게 말을 걸면서 동네 아이들에게 관심을 가지고 동네 지킴이 역할을 하는 것이 좋다.

그 동네 어르신들이 '8.3'이라고 쓴 배지를 손수 만들어 가슴에 달고, 100 엔씩 받고 배지를 팔아 운동자금으로 모으기도 한다. 지역사회에서 시간이 있는 사람들이 스스로가 자기 할 일을 찾아서 하는 것이다. 자기 동네 안전을 자기들이 지킬 수 있고 경찰관이 따로 순찰을 다닐 필요도 없다.

동네마다 상황은 다를 수 있다. 그래서 어떤 동네에서는 '3.5.6운동' 을 실천한다. 오후 3시, 5시, 6시에 아이들이 많이 왔다 갔다 한다고 해서 그 시간을 정한 것이다. 아파트단지에서는 각 층마다 시간을 정해서 어른들이 복도에 나와서 지나가는 아이들에게 말을 건다.

어르신들은 자신이 동네 아이들을 지켜주고 있다는 자부심도 가질 수가 있다.

나의 실천이 바로 우리 아이들을 지킨다

도시에서는 지역 단위로 작은 집단을 만들어 서로가 아이들을 지켜보자고 제안한다. 예를 들어 자기 아이들 친구가 넷이 있으면 네 명 부모들이 소집단을 만들어 서로의 아이들을 지켜보자는 것이다.

나는 보금자리를 만들어주는 것이 종교인의 역할이라고 생각하며 일본 곳곳에 있는 신사와 사찰이 동네 사람들의 보금자리가 되어야 한다고 주장하지만, 아직 부족한 면이 많다. 그래서 경찰서에다 아이들의 '보금자리 만들기' 를 제안한다.

경찰서에서 먼저 대학생 자원봉사자를 인터넷을 통해 모집한다. 그리고 비행청소년들과 대학생, 그리고 경찰관들이 같이 농구도 하고 자전거도 타고 등산도 가면서 소통을 하는 것이다.

이 사회의 체제를 바꾸는 일은 힘들지만, 지금 있는 그 자

내가 먼저 실천하는 것이
바로 우리 아이들을 지킬 수 있는 지름길이자
사회를 밝게 만드는 활력소이다.

리에서 할 수 있는 일은 여러 가지가 있으므로 나는 실천 가능한 제안을 하는 것이다.

비행청소년들에게 봉사활동을 시킬 때는 방법이 있다. 전철역 주변이나 화장실 청소를 시킬 때 아이들이 좋아하는 캐릭터 옷을 입혀 '코스프레'를 하면 자신의 얼굴이 드러나지 않은 채 자기가 이 사회에 무언가 도움을 줄 수 있다는 만족감을 느끼게 해줄 수 있다. 아이들에게 그런 경험을 시켜주는 것도 역시 어른이 할 수 있는 역할일 것이다.

아이들보다 어른이 먼저

중요한 것은 어른이 먼저 실천하는 일이다. 아이들에게 인사를 강요하기 전에 먼저 어른이 아이들에게 말을 걸자. 어른이 먼저 큰 소리로 말을 걸고, 큰 웃음을 보여주는 것이 지역사회를 건강하게 만드는 비결이다.

직장에서도 마찬가지다. 상사가 아래 사람에게 먼저 인사를 하자. 경찰관이 시민에게 먼저 활기차게 인사를 한다면 범죄 발생률을 줄일 수 있을 것이다.

학교 선생님들도 옛날 모습으로 돌아가자. 교사를 '성직'이라 부르던 시절이 분명히 있었다. 아이들을 가르치는 것은 다른 직업과 달리 성스럽고 귀한 일이다. 선생님들은 처음 교단에 서던 그때 그 시점으로 돌아가 아이들을 지켜주어야 한다.

내가 서 있는 자리에서 할 수 있는 일은 얼마든지 있다. 내가 먼저 실천하는 것 그것이 우리 아이들을 지킬 수 있는 지름길이자 사회를 밝게 만드는 활력소이다.

사회가 어떻게 바뀌더라도 우리가 꿈꾸는 사회는 별로 바뀌지 않은 것 같다. 우리는 사람과 사람의 끈끈한 정이 넘치는 사회를 갈망한다. 우리 모두가 사람의 근본根本으로 돌아가 밝은 사회를 만들어나가자.

상상을 초월하는 자연재해 앞에

인간은 너무나 약한 존재이다.

그러나 어마어마한 큰 슬픔 속에서도

사람은 꼭 일어설 수가 있다.

사람은 혼자 사는 존재가 아니기 때문이다.

이 세상에 태어난 이상 어느

누구든 무언가 자신의 역할이 있다.

우리는 하루하루 즐거운 마음으로 살아나가야 하고

오늘 할 일을 내일로 미루지 말아야 한다.

이것이 바로 대지진이

우리에게 가르쳐준 소중한 교훈이다.

06
대지진이 가르쳐준 교훈

전철역에서의 재해 돕기 성금

2011년 3월 11일 일본이 한 번도 겪어보지 못했던 엄청난 재해를 맞이했다. 사망자와 행방불명자를 합치면 무려 3만 명에 달한다고 한다. 일본은 이 '국난'을 어떻게 극복해야 할까? 그리고 종교인이 할 수 있는 일은 무엇일까?

우리 절은 지진발생 지역에서 멀리 떨어져 있어 아무런 피해는 없었지만, 상상을 초월한 지진과 해일 보도를 지켜본 우리 절 아이들은 피해를 입은 사람들을 위해 성금을 모아 직접 갖다 주자고 합의를 했다. 바로 이런 식으로 우리 절에서는 평상시부터 무슨 일이든 아이들 스스로가 결정하고 실천한다.

먼저 모금함을 들고 히가시오카자키 전철역에 나가서 지나가는 사람들한테 성금을 모으기로 했고 나도 아이들을 도우려고 같이 나갔다. 머리를 노랗게 물들인 비행 소년소녀들이 모금함을 들

南口のりば案内図
13
14
11
12
現在地

고 있으니 따가운 시선만 보내고 지나가는 사람도 있고 너희들 정말 이 돈을 피해지역에 갖다 주겠냐고 의심스럽게 물어보는 사람도 있었다.

봉사활동 같은 경험을 처음 해보는 아이들이다. 처음엔 목소리도 크게 내지 못했는데 서서히 용기를 내어 큰 소리로 성금을 부탁한다고 외치기 시작했다. 그때 한 초등학생이 다가와 가방에서 작은 지갑을 꺼내 있는 돈 모두를 모금함에 넣으면서 "언니, 내 용돈 꼭 전달해주세요"라고 말하자 모금함을 들고 있던 아이의 눈에서 눈물이 쏟아져 나왔다. 귀여운 어린애에게 감동 받은 우리 절 아이들은 모두 하나 된 마음으로 열심히 모금활동을 벌였다.

네 번에 걸쳐 모은 묵직한 모금함은 열어보지 않기로 했다. 얼마나 모았는지 확인해보고 싶은 아이들의 마음은 나도 알지만, 이전에는 남의 돈을 훔치기도 하고 돈을 우습게 알았던 아이들이다. 많이 모았으니 음료수라도 사 먹자는 마음이 생길지도 모르니 뜯지 말고 이대로 갖다 주자고 나는 제안을 했던 것이다.

해일 피해지역에서의 봉사활동

대지진이 발생한 지 보름 가량이 지난 4월 1일 오후 아이들 11명, 어른 9명이 우리 절을 출발하여 지진피해 지역인 동북지방을 향했다. 목적지는 미야기현 이와누마시. 내가 이전에 강연회로 다녀간 곳인데 지진발생 후 그곳 관계자와 겨우 연락이 닿아 우리 절 아이들을 데리고 봉사하러 가겠다고 이야기해 놓았다.

우리는 "피해를 입은 사람들에게 용기와 희망을 전달하고 웃는 얼굴로 힘차게 인사를 하고 오자"라고 다짐했다. 평소부터 내 활동을 지원해주는 우리 동네 중소기업 사장님이 자기 회사 승합차를 내주어 손수 운전대를 잡았다.

마치 소풍이라도 가듯이 즐거운 표정이었던 아이들이 밤새도록 달려 피해지역에 다가가면서 긴장하기 시작했다. 창가의 풍경이 어느새 살벌해지고 지나가는 차는 소방차나 대형트럭, 자위대 군용차가 대부분이었다. 이튿날 새벽에 우리는 센다이 공항에서 가까운 목적지에 도착했다.

피해지역에 가서 보니 대지진의 진동으로 무너진 집은 그리 많지 않고, 피해의 대부분은 상상을 초월한 해일 때문이라는 것을 알 수가 있었다. 같은 동네라도 파도가 휩쓸고 간 지역과 그렇지 않은 지역은 천지 차이였다.

이와누마시의 해변 가 마을은 해일이 모두 휩쓸어가 144명이 사망했다고 한다. 우리 일행은 먼저 시청 직원에게 성금과 지원물자를 전달하고 해변 가에 있는 센코지라는 절을 청소하는 일을 맡았다. 센코지는 400년 역사를 자랑하는 고찰인데, 본당 건물이 기둥과 지붕만 남긴 채 완전히 파괴되어 있었다.

일본 사찰은 신도들의 묘지를 대대로 모셔오는 일을 주요한 임무로 하고 '과거장過去帳' 이라고 불리는 신도들의 사망 기록부가 바로 그 사찰의 족보인 셈인데 센코지 주지스님은 해일이 온다는

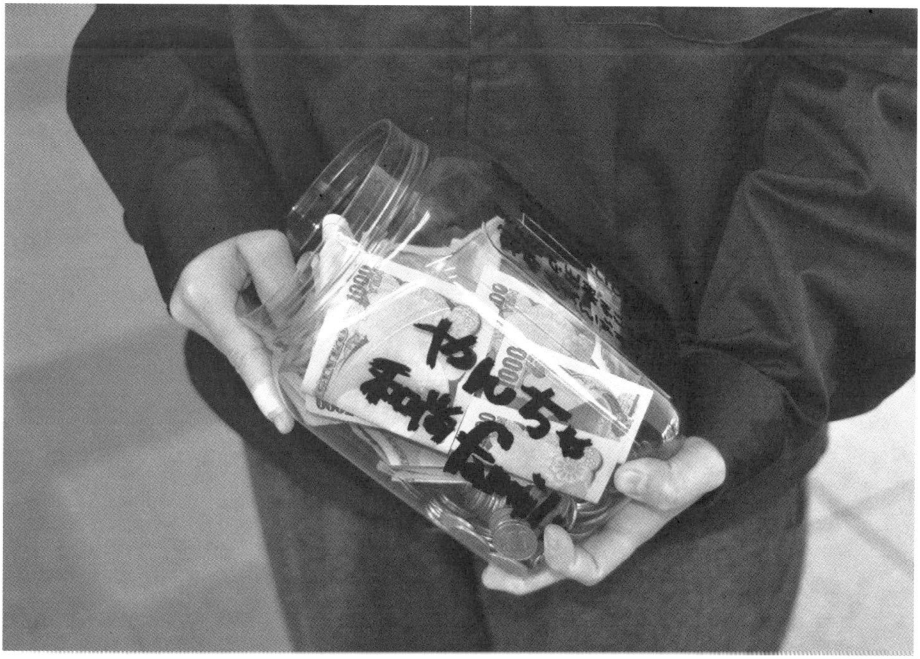

모금함을 들고 있던 아이의 눈에서 눈물이 쏟아져 나왔다.

머리를 노랗게 물들인 비행 소년소녀들이 모금함을 들고 있으니 따가운 시선만 보내고 지나가는 사람도 있고 너희들 정말 이 돈을 피해지역에 갖다 주겠냐고 의심스럽게 물어보는 사람도 있었다.

소식에 과거장도 챙기지 못한 채 급히 몸만 빠져나갔고, 피신했던 주지스님이 다시 돌아왔을 때 본당 지붕 위엔 승용차 한 대가 올라가 있었다고 했다. 많은 신도들도 희생당하고 조상들이 대대로 지켜온 이 절의 역사도, 아껴왔던 오래된 무덤들도, 한순간에 없어져 아무것도 남지 않았다고 센코지 주지스님은 우리 앞에서 통곡했다.

생명의 존엄을 알고 죽음 앞에서 당당해라

어마어마한 자연의 힘 앞에서 너무나 무력한 인간의 존재를 실감한 우리 질 아이들은 본당 바닥에 깐 흙투성이 다다미를 거둬내고 잔해물을 치우면서 열심히 일하기 시작했다. 아침에 눈물을 보였던 주지스님의 얼굴엔 어느새 미소가 되살아났다. 어마어마한 큰 슬픔에서도 사람은 꼭 일어설 수가 있는 것이다. 사람은 혼자 사는 존재가 아니기 때문이다.

마당을 치우고 있던 아이가 강아지 시체를 발견했다. 아이들은 눈물을 흘리면서 그 시체를 구석으로 옮기며 선향에 불을 피우고 손을 모았다.

절 근처에서는 자위대 대원들이 행방불명자 수색에 땀을 흘리고 있었는데 갑자기 "찾았다!"라는 큰 소리가 들려 우리도 바로 눈앞에 있는 해변 가로 달려갔다. 거기에는 목이 없는 시체 한 구가 있었다. 아이들은 모두가 울음을 터뜨렸고 내 옆에 모여 손을 모아 명복을 비는 기도를 올렸다.

평상시 나는 부처님께 기도하는 방법을 아이들한테 가르쳐주지는 않았지만 아이들은 항상 내가 기도하는 모습을 지켜보고 있었던 것이다. 사람 목숨의 존엄을 알고 향을 피우고 손을 모우는 행동을 자연스럽게 실천하고 있었다.

아이들이 사람 시체를 보면 마음에 큰 충격을 받지 않을까 걱정하는 사람들도 많을 것이다. 물론 그럴 수 있다. 그럴 때 같이 그 자리에 있는 어른들의 역할이 크다고 나는 본다. 사람은 누구나 죽는다는 것은 모두가 알고 있다. 시신을 목격했을 경우 어른들부터 피하지 말고 현실을 직시하는 태도를 가져야 한다. 죽음 앞에서 당당한 어른들의 모습은 아이들에게 믿음과 안도감을 주고 아이들은 그 충격적인 체험을 통해 마음이 더 강하게 성장할 수 있는 것이다.

사실 이번 일로 우리 절 아이들 중에 무서워서 잠이 안 온다거나 식욕이 떨어지거나 하는 아이는 하나도 없었다.

종교인으로서 해야 할 역할

우리 절에 돌아오자 나는 큰 행사 준비에 분주했다. 2011년 5월 1, 2일, 지진피해자 3만 명의 명복을 비는 모임을 거행하기로 했던 것이다. 자연재해에 대한 복구지원에 모든 국민의 관심이 집중되어 있는 지금 종교인이 해야 할 일은 억울하게 죽은 사름들의 생명의 존엄을 상기하고 하나 된 마음으로 명복을 비는 일이다. 그래야지 만이 큰 슬픔과 고통에서 다시 일어설 수 있을 것이라고 믿었기 때문이다. 그리고 우리 절 아이들도 서로 아이디어를 내면서 손님을 맞이할 준비에 몰두했다.

그날, 보슬비가 내린 날씨에도 불구하고 800명을 넘는 손님이 우리 절을 찾았고, 스님들은 본당에 앉아 망자들의 넋을 위안하는 독경을 올렸다. 종파를 넘어 종교인이 마음을 모은 뜻있는 행사가 되었고, 우리 절 아이들은 손님 대접하느라 모두가 정신없이 일했다. 큰 행사를 치르면서 한층 더 성숙한 아이들 모습을 보면서 나는 보람을 느꼈다.

대지진이라는 재해는 우리에게 큰 교훈을 안겨주었다. 하루하루 즐거운 마음으로 살아나가는 것이 얼마나 소중한지, 그리고 오늘 할 일을 내일로 미루지 말자는 다짐을 주었다.

또한 우리 절 아이들에게는 커다란 충격을 받아들이고 아픔을 함께하는 체험이기도 했다. 학교를 못 간다는 둥, 나 따위 태어나지 않았으면 좋았겠다고 자살 시도까지 한 아이들이다. 그런 아이들이 약한 마음을 떨쳐버리고 "지면 안 된다. 일어서야 된다"라고 강한 마음을 가질 수 있는 계기가 되었고, 자신이 이 세상에서 쓸모없는 존재라고 위축되었던 마음을 새로 다 잡고, 긍정적으로 살아나가는 힘을 얻을 수가 있었다. 이 세상에 태어난 어느 누구든 무언가 역할을 가지고 있을 것이다. 중요한 것은 그것을 스스로가 찾아내는 일이라고 나는 생각한다.

우리 딸이 돌아왔어요

도모코 엄마의 편지

히로나카 스님, 항상 고맙습니다. 스님 덕분에 우리 딸이 다시 가족 품으로 돌아왔습니다.

우리 둘째 딸이 사이쿄인에서 반년 살았던 동안 정말 무어라 감사의 말을 할 수 없을 정도로 너무나 많은 신세를 졌습니다. 이제 저는 스님이 베풀어주신 은혜에 조금이나마 보답을 할 수 있도록 우리 주변에서 힘들어하는 아이와 가족들이 있으면 할 수 있는 한 도움을 드리는 것이 내 역할이라 믿고 봉사하고 있습니다.

우리 딸은 소위 말하는 '비행소녀'였습니다. 중학교 1학년 여름방학 때 시작된 딸의 방황은 중3 여름까지 이어졌고, 나는 그동안 정말 미친 여자처럼 딸을 찾아 밤거리를 헤맸습니다. 집을 나가 폭주족에 들어간 딸은 결국 경찰에 붙잡혔습니다.

매일매일 딸을 찾으러 다니다 보면 대충 어디쯤 있겠다고 짐작이 가기도 합니다. 공원, 편의점, 아파트 주차장, 그리고 번화가의 그 어디쯤…. 밤 12시부터 새벽 3시까지 거의 매일같이 나는 딸을 찾으러 다녔지요. 그런데 놀라운 일은 그런 늦은 시간에 참으로 많은 미성년 아이들이 거리를 헤매고 있다는 사실이었습니다. 그 아이들한테 "혹시 우리 딸 못 봤어?"라고 물어보면 내가 전혀 모르는 아이까지 우리 딸 이름을 알고 있는 경우가 많아 더 놀랐습니다. 아이들은 어른이 생각하는 것보다 훨씬 넓은 세계에서 살고 있구나라는 생각이 들었습니다. 그러나 그들의 관계는 넓지만 아주 얕은 관계이지요.

그 당시 나는 이 아이들의 부모님은 어떤 마음으로 어떻게 지내고 있을까라는 의문에 가득 차 있었습니다. 나와 같은 처지에 있는 부모들의 고통을 생각하면 너무나 가슴 아픕니다. 어떤 아이는 "우리 엄마는 나한테 관심이 없어요"라고 하는데, 방치하면 할수록 아이들은 더 외로워서 자기랑 같은 처지에 있는 아이들과 어울려 거리를 헤매게 되지요.

그런 나날이 몇 달씩 계속되던 어느 날, 나는 갑자기 쓰러져 응급실로 실려 갔습니다. 우리 딸이 그런 나의 모습을 보고 놀랐는지 병원에서 깨어보니 내 침대 밑에서 딸이 자고 있더라고요. 잠자는 딸의 얼굴은 어릴 때 순진함이 그대로 남아있었습니다. 그 모습을 보니 그동안 내 마음속에 응어리져 있던 딸에 대한 분노와 슬픔이 녹기 시작했어요. 그래, 우리 딸을 믿어보자. 이 아이는 우리에게 꼭 돌아올 거야라고.

그런데 여전히 불안한 마음은 사라지지가 않았지요. 어떻게 하면 돌아올지 그 방법을 나는 아직 몰랐습니다. 막상 퇴원해서 집에 가면 우리 딸을 어떻게 대해야 할지도 모르겠고요. 그래서 중학교 시절에 나를 많이 도와주셨던 담임선생님을 찾았습니다. 선생님은 이렇게 말씀하시더군요.

"학생 시절에 공부 안 하고 나쁜 짓 했던 아이들도 나중에 찾아와서 말한다. 실은 그네들도 고등학교에 가고 싶었다고. 그때 못 간 게 이제 와서 후회된다고. 그러니까 먼저 고등학교로 진학할 수 있는 분위기를 만들어주고, 지금 상황을 벗어나게 하는 것이 중요하다"고. 또한 딸이 돌아오면 큰 소리로 "어서 와. 잘 돌아왔어. 엄마가 맛있는 것 해줄게!"라고 반겨주어야 한다고. 아이들은 엄마의 손맛에 꼭 마음을 연다고.

그 무렵, 이모가 텔레비전에서 히로나카 스님에 대한 프로를 보았다고 전화로 알려주었습니다. 나는 인터넷을 찾아 스님의 활동에 대해 알게 되었고, 이미 출간된 책도 몇 권 구해 읽으면서 이 분이 꼭 우리를 구해줄 수 있을 것이라는 확신을 가졌습니다. 나는 책에 나와 있는 전화번호로 스님께 전화를 걸었습니다. 그리고 한 달 후에 우리 딸이 사이쿄인에 가게 되었지요.

우리 딸을 사이쿄인으로 보내자고 결단을 내린 것은 지금까지 딸의 교우관계를 벗어나게 하고 싶었던 것도 있지만, 무심코 딸이 "이대로 가면 난 망가질 것 같아"라고 하는 한마디가 내 등을 떠

밀었습니다. 이대로 가면 절대로 안 된다고 절실하게 느꼈습니다. 우리에게는 변화가 필요했습니다.

실은 사이쿄인에 있는 동안에도 여러 가지 문제가 생겼지요. 그때마다 딸이 울면서 나한테 전화를 걸었습니다. 나는 답답하고 안타까운 마음으로 바로 달려가고 싶었지만, 스님은 그런 나를 항상 달랬습니다. 누구나 다 자신이 설 자리를 자기가 만들어야 한다고. 그러니까 딸 스스로의 힘을 믿고 지켜보고 있으라고. 매일 매일 딸을 걱정하면서 나는 스님 말씀대로 딸을 믿고 기다렸습니다. 그리고 몇 달이 지나 드디어 중학교 졸업식을 맞이했습니다. 오래간만에 본 딸의 얼굴은 포동포동 살이 올라 너무나 보기 좋았고, 나는 그 모습만 보아도 저절로 눈물이 났습니다. "이젠 괜찮다"라는 스님의 말씀. 학교 졸업식이 끝나자 이번엔 사이쿄인에서의 졸업식이 있었습니다.

히로나카 스님과 나 그리고 딸 셋이서 거행한 사이쿄인에서의 졸업식에서 스님은 우리 딸과 내가 그동안 겪어왔던 고통의 원인을 하나하나 설명해주셨습니다. 나는 내가 모자랐던 부분을 확실히 깨닫고 그 자리에 엎드려 딸에게 진심으로 미안하다고 사과를 했습니다. 나는 바쁘다는 이유로 딸의 마음을 제대로 받아주지 않았습니다. 딸은 고생하는 엄마한테 이것저것 말하면 안 되겠다고 자기 마음을 억제하고 있었습니다. 나는 그런 딸이 착하다고 생각하고 모든 일을 무난히 넘어갈 수 있을 거라고 생각했었습니다. 그러다 진심으로 딸을 대해야 될 때를 놓치고 이런 시련을 겪었던 것입니다.

히로나카 스님이 하나하나 풀어주는 모든 이야기가 나와 딸에게는 이젠 버리고 갈 수 있는 아픈 기억이 되었습니다. 눈물을 흘리면서 껴안은 나와 딸. 히로나카 스님도 눈물을 글썽이며 우리 손을 잡고서 "잘 됐다. 정말 잘 됐다"라고 격려해주셨습니다. 나는 굳게 맹세했습니다. 이젠 두 번 다시 딸을 잃어버리지 않을 거라고.

고등학교를 진학하기 전에 우리 가족은 이사했습니다. 이젠 새로운 환경에서 새로운 마음으로 학교생활을 시작하게 하고 싶어서입니다. 딸과 저는 두 번 다시 어두운 과거로 돌아가고 싶지 않습니다. 처음에 딸은 "내가 왜 고등학교를 다녀야 돼? 난 공부하기 싫어. 학교를 갈 의미가 없어!"라고 말했지만 지금은 마치 그 말이 거짓말처럼 즐겁게 학교를 다니고 있습니다.

지금까지 많은 사람들이 우리 가족을 도와주었습니다. 그런 만남이 있었기에 우리는 힘을 내고 새롭게 다시 시작할 수가 있었습니다. 특히 히로나카 스님과의 만남은 내 눈을 새롭게 열리게 하고, 내가 내 자리로 똑바로 설 수 있게 해주셨습니다.

'일기일회一期一會' 라는 말 그대로 한 번의 만남이 인생에 있어서 정말 소중한 만남이 될 수 있다는 것을 스님은 나에게 실천으로 알려주셨습니다.

아이를 똑바로 안다는 것이 정말 중요합니다. 히로나카 스님도 항상 강조하시는 말씀인데 아이를 제대로 알려면 여러 가지 노력이 따라야 합니다. 부모가 아이의 마음을 알려고 노력하면 아이가 보내는 '알림신호'를 받아들일 수가 있지요. 그 신호는 아이의 구조요청이기도 하고 부모로서 반성해야 할 점이기도 합니다. 항상 아이를 지켜보면서 '알림신호'에 귀를 기울이고 있으면 엄마와 아이 사이에 있는 걸림돌이 점점 사라지게 됩니다. 내 스스로가 그것을 실감했습니다.

히로나카 스님을 만나기 전의 나는 모든 일을 남의 탓으로 돌리고 있었습니다. 친구가 나쁘다, 환경이 나쁘다, 학교가 나쁘다, 선생님을 잘 못 만났다 등등. 그러나 그 모든 것이 바로 나의 탓이었다는 것을 깨달았습니다.

부모에게 굳어져 있던 아이의 마음이 점점 녹아내리기 시작하면, 그 다음에 부모는 무엇을 해야 할까요? 아이는 뒷받침 해주는 사람을 필요로 합니다. 부모님, 할머니, 할아버지, 학교 선생님…, 아이 주변에 있는 어른이 아이의 마음을 안정되게 잡아주어야 합니다. 그렇지 않으면 겨우 녹아내린 아이의 마음이 다시 딱딱하게 굳어지거든요. 뒷받침이란 "그분이 있으니까 나는 열심히 할 수 있다"라고 생각할 수 있는 누군가를 말합니다. 사이쿄인에 가서 보니까 히로나카 스님은 항상 "오늘도 기운내고 잘 다녀와!"라고 아이들한테 큰 소리로 인사하고 있었습니다. 그리고 항상 "무슨 일이 있으면 아저씨가 너를 꼭 지켜줄게"라고 가르치십니다. 이

한마디가 아이들한테 얼마나 큰 힘이 되는지 모릅니다. 그래서 나도 우리 딸에게 스님께 배운 것을 열심히 실천하고 있습니다. 엄마의 마음이 꼭 아이에게 전달이 되리라고 믿으면서 말입니다.

어른들은 항상 많은 생각을 하게 되지요. 그러다가 걱정만 앞서고 생각만 커져갑니다. 그러나 중요한 것은 생각이 아니라 실천입니다. 용기를 내어 실천하는 것이 가장 중요하지요. 어른이 아이들에게 약한 모습을 보이면 안 된다 라든지, 어른이 아이한테 사과를 하면 보기가 안 좋다 라든지, 어른들은 자기 멋대로 해석해서 난처한 상황을 대충 넘어가려고만 애쓰지요. 나도 마찬가지였습니다.

그런데 어느 아이가 자신의 부모를 얕보겠습니까? 아무리 빈항하는 아이라도 마음속에서는 "엄마, 아빠, 나를 이해해줘!"라고 외치고 있는 거지요. '비행' 하는 아이들도 마찬가지입니다. 점점 귀가 시간이 늦어지고, 머리를 염색하고, 담배를 피우고, 귀에 구멍을 뚫고…, 마치 하나하나 계단을 올라가듯 아이는 행동으로 '알림신호' 를 보내고 있습니다. 그런데 나는 야단만 치고 그 신호의 뜻을 받아주지 않았습니다. 누구 때문에 이렇게 됐다 누구를 만나니까 그렇다, 모두 친구 탓으로 돌리고 그 친구하고 멀리 떨어뜨리기만 하면 되는 것처럼 착각하고 아이 마음속에 있는 신음소리를 듣지 못했습니다.

이 세상 모든 아이는 엄마를 사랑합니다. 엄마가 그저 환하게 웃기만 해도 아이의 마음은 밝아집니다. 그러나 엄마는 슈퍼우먼

이 아닙니다. 그리고 모르는 것도 얼마나 많습니까? 지금 시대는 거의가 핵가족이라 옛날 같으면 대가족 속에서 저절로 알게 되었던 이런저런 일들이 일일이 책이나 인터넷을 뒤져보아야 되고 그럼에도 여전히 엄마는 불안합니다. 어떤 의미로는 남의 눈치 하나도 안보고 자기 멋대로 자기 아이를 교육시킬 수가 있습니다. 그런데 엄마는 자기 멋대로 진행되지 않으면 화가 나서 아이한테 스트레스를 풀기도 하고 갑자기 나사가 풀려 모든 일을 포기하고 싶어지기도 합니다.

사실은 내가 그랬습니다. 모르는 일이 있어도 누구한테 물어보면 부모가 그런 일도 모르냐는 말을 들을까봐 겁이 나고, 그저 내 스스로 알아서 해결하려고만 했는데, 점점 소화불량처럼 문제가 쌓이게 되고, 아이한테 화풀이를 반복하는 악순환이 계속되었습니다. 항상 불안하고, 열심히 해도 나를 칭찬해주는 사람도 없고, 아이 아빠는 엄마가 왜 이렇게 밖에 못하냐고 구박하고, 정말 이대로 가도 되는지, 무엇이 옳고 그른 일인지, 선악의 판단조차 할 수 없게 되고, 불안한 마음은 아이에 대한 과도한 요구로 이어지고, 도가 넘으면 학대로 이어지는 경우도 있었습니다. 아이를 때리면 처음에는 강한 자책감에 시달리지만 때리면 때릴수록 매는 더 강해지고 학대는 더욱 심해집니다. 바로 내가 그랬습니다.

이런 악순환을 어떻게 하면 끊을 수가 있을까요? 나는 지역사회의 역할이 크다고 봅니다. 지역행정에서의 지원도 필요하고, 동네사람들끼리 서로 도와가면서 살아야 합니다. 먼저 엄마를 구하면 아이도 구해줄 수 있습니다. 나는 고독하고 고집스런 젊은 엄마들에게 손을 내미는 지원을 할 수 있지 않을까 해서 히로나카 스님과 여러 가지 시도를 하고 있습니다.

나는 우리 딸과의 관계를 개선하면서 깨달은 것이 있습니다. 일하는 엄마가 많아진 지금 엄마가 아이에게 입버릇처럼 하는 말이 있지요.

"지금 바쁘니까 나중에 하자."

"엄마는 너를 위해 열심히 일하고 있잖아? 그러니까 너도 좀 참아라", "피곤하니까 나중에 말해" 등등, 바쁘다는 이유로 아이 이야기에 진지하게 귀를 기울이지 않은 그런 말들. 이것이 당연하다고 생각하는 것은 어른의 입장이지만, 아이한테는 그저 엄마의 따뜻함이 절실한 거지요.

아이가 가장 사랑하는 엄마, 그런데 엄마의 그런 태도에 아이의 서운함은 점점 커지기만 하지요. 엄마와 제대로 이야기하고 싶지만 엄마가 말을 들어주지 않는다면 혹시 그것이 아주 급한, 생사를 좌우하는 문제라고 한다면 어떻게 되겠습니까?

입장을 바꿔서 생각을 해봅시다. 만약 나에게 너무나 힘든 일이 있는데, 남편이 바쁘다는 이유로 이야기하기를 피한다면 얼마나 답답하고 서운할까요? 참는 것도 한도가 있지요. 그 한계까지 갔을 때 아이는 자신의 몸에 상처를 입히는 자학 행위를 택하거나 비행 행위를 하거나 남을 왕따 시키거나 해서 마음속에 있는 갈등을 해소하려고 하는 것입니다.

아이들의 그런 행동의 원인은 모두 가정 안에 있다고 해도 과언이 아닙니다. 히로나카 스님도 항상 "200프로 엄마가 나쁘다!" 라고 단언을 합니다. 그 말씀의 의미를 나는 뼈아프게 실감하고 있습니다. 물론 때로는 외부적인 원인이 있는 경우도 있겠지만 그래도 집안이 제대로 되어 있으면 어떤 문제가 생겨도 좋은 방향으로 해결할 수 있게 마련입니다.

먼저 집안 분위기를 좋게 만들기 위해 엄마가 할 수 있는 일은 가족끼리의 인사입니다. 내가 실천해 본 결과 서로 얼굴 마주보고 인사를 하면 집안 분위기가 금방 달라지거든요. 처음에는 남편도 딸도 "엄마가 왜 이래?"라고 이상하게 보았지만 아침에 일어나자마자 엄마의 활기찬 모습을 가족에게 보여주는 것이 정말 중요합니다. 무엇보다 내 스스로의 마음이 가벼워지고 상쾌해지거든요.

그리고 만약 내가 잘못한 일이 있으면 스스럼없이 "엄마가 잘못 했어. 미안하다"라고 사과를 합니다. 아이한테 사과를 하는 엄마의 모습을 통해 아이는 "나도 잘못 하면 사과해야지"라는 생각을 하게 될 겁니다. 그런데 잘못이 있어도 아이에게 사과를 하지 않은 어른이 많으면 아이들은 점점 어른을 못 믿게 되지요. 모든 일은 부모가 먼저 실천해야 합니다. 아이는 항상 부모를 따라 배우니까요.

그리고 무슨 일이 있으면 집에서 부모한테 상의할 수 있는 분위기를 만들어주는 것도 어른의 몫입니다. 바쁘다고 아이 문제에서 도망치기만 하면 꼭 그 대가를 물어내야 되지요. 바로 우리 집이 그랬듯이요.

사람들은 살면서 정말 많은 만남으로 인해 살아갈 수가 있다고 생각합니다. 그저 만나고 헤어지면 끝이 아니라 만남의 의미가 있는, 인생에 꼭 필요한 만남이라는 것이 있습니다. 히로나카 스님은 강연회 때 항상 말씀하십니다. 이 세상에서 사람으로 태어나 부모 자식으로 인연을 맺는 것은 저 멀리 하늘에서 바다 속으로 작은 바늘 하나 떨어뜨려 그 바늘구멍에 실을 꿰는 것만큼 기적적인 일이라고. 이 만남이야말로 꼭 필요한 만남이고, 부처님께서 우리에게 주신 인연입니다. 우리는 모두 엄마의 자격, 아빠의 자격이 있어서 부모가 되는 것이 아닙니다. 그러니 이 세상에 이이를 낳았으면 그 생명을 열심히 키우는 책임이 있습니다. 그것을 소홀히 하면 안 됩니다.

아이를 키우면서 엄마도 성장합니다. 육아는 엄마에게도 공부입니다. 아이 손을 잡거나 안아주면 아이는 엄마의 따스함을 느끼고 행복하지만, 엄마도 마음이 녹아내립니다. 아이가 엄마의 마음을 구해주는 거지요.

절에 우리 아이를 맡긴다고 했을 때, 나는 아이들을 불당에 앉혀서 불경을 외우게 할 것이라고 생각했습니다. 그런데 히로나카 스님은 아이들에게 전혀 불교적인 의식을 강요하지 않고 그저 평범한 대가족처럼 엄마 아빠와 형제자매들이 사이좋게 지내는 생활을 실천하고 계십니다. 사이쿄인에서는 아빠는 히로나카 스님, 엄마는 스님의 사모님인 마치코님. 아이들은 고등학생도 있고 초등학생도 있고, 항상 20명 가량이 함께 생활하고 있습니다. 그런 공동생활에서 스님이 정한 규칙이란 딱 두 가지 밖에 없습니다. 하나는 하루 한 번은 반드시 같이 식사를 한다는 것. 그리고 잠자는 시간 외에는 자기 방에 혼자 있으면 안 된다는 것. 그것뿐입니다.

나도 딸 때문에 몇 번씩 사이쿄인에 가봤는데, 그 많은 아이들이 반드시 저녁 6시 전에는 돌아와서 6시 45분부터 같이 식탁에 앉아서 저녁을 먹습니다. 나는 그 모습이 참으로 신기했습니다. 집에서 우리 딸에게 아무리 일찍 들어오라고 해도 딸은 절대로 말을 듣지 않았거든요. 그런데 이곳 아이들은 스님의 규칙을 꼭 지키려고 하는 모습이 대견했습니다.

사이쿄인 아이들 사연은 정말 다양합니다. 새엄마한테 학대를 받은 아이, 마약 중독자 아빠가 아이에게 마약을 주사해서 중독이 된 아이, 부모한테 반항하고 비행한 아이, 왕따를 당해서 학교를 못 가게 된 아이 등등, 정말 힘들고 고통스러운 과거를 가진 아이들인데 사이쿄인 식탁에 앉아서 같이 이야기하며 밥을 먹는 모습을 보면, 그런 어두운 과거의 그림자는 전혀 보이지 않습니다. 바로 히로나카 스님의 마음이 아이들한테 전달이 되어 어떤 상황에 부닥쳐도 미래를 향해서 열심히 살면 된다는 분위기를 만들어주고 있습니다.

지금 이 시간에도 바로 사이쿄인에 오고 싶어 하는 아이들이 줄을 서서 기다리고 있습니다. 정말 목숨이 왔다갔다 하는 급한 상황이면 스님이 밤중이라도 차를 운전하고 아이를 데리러 갑니다. 어떻게 혼자서 그 많은 일을 다 하고 계실까 할 정도로 바쁘신 스님입니다. 우리 딸이 이곳에 들어갈 수 있었던 것이 정말 기적 같은 고마운 일이라고 실감합니다.

히로나카 스님과의 만남으로 인해 나는 정말 많은 것을 배우고 깨달았습니다. 딸이 아직 고등학생이라 앞으로도 무슨 일이 있을지 모르겠지만 그래도 성장과정을 잘 지켜보면서 엄마로서의 할 일을 열심히 해야겠다고 다짐하고 있습니다. 엄마로서의 자존심 때문에 딸하고 갈등이 생길 때도 있지만, 그래도 나는 딸에게 말할 수 있습니다. "나를 엄마로 선택하고 태어나줘서 정말 고맙다. 나는 너 같은 딸이 있어서 정말 행복해. 앞으로도 함께 걸어가자"라고 말입니다. 부모가 되어 아이를 키우는 것은 부처님께서 우리에게 주신 자비입니다. 책임감을 가지고 아이를 키우면 부모의 마음은 꼭 아이한테 전달이 되리라고 믿습니다. 스님의 가르침을 따라 앞으로도 열심히 살겠습니다.

히로나카 스님, 정말 고맙습니다.

한국 독자에게 전하는 히로나카 스님의 메시지

꽃은 제각기, 사람도 제각기.

이 세상에 태어나 살아가는 자는 제각기 '덕德'을 가지고 있습니다. 가족의 덕, 기업의 덕도 있습니다. 그리고 인덕人德을 가진 정직한 사람은 어떤 시대에서도 어떤 사회에서도 인정을 받고 사랑을 받습니다. 우리도 서로가 그런 사람으로 살아갔으면 좋겠네요.

옛말에 '온고지신溫故知新'이라고 합니다. 나는 '온고창신溫故創新'이라고 바꿔서 말합니다. 옛것을 아끼고 새로운 것을 창조한다는 뜻입니다. 경제도 과학도 나날이 발전하는 사회에서 우리는 열심히 새로운 것을 창조하면서 살고 있지요. 그럴 때 중요한 것은 "원점原點을 잊지 말자!"라는 것입니다.

한국인에게도 일본인에게도 공통된 원점이 있습니다. 그것은 유교사상이라고 나는 생각합니다. 가정의 올바른 모습, 부부의 올바른 모습, 부모와 자식간의 올바른 모습, 그리고 우리가 조상을 소중하게 여기는 마음도 모두가 유교를 원점으로 하고 있습니다. 그 원점을 다시 되살리는 것이 지금 우리에게 꼭 필요한 일이 아닌가 싶습니다.

내 책에다가 사인해달라고 하는 사람이 있으면 나는 항상 이런 글을 씁니다. "넘어져도 다시 일어서면 된다." 사람 사는 세상에는 실수가 있기 마련이지요. 그러나 조금 실수하더라도 좌절하지 말고 다시 일어서서 앞으로 가면 돼요. 어려움에서 도망치지 않은 용기를 가지려면, 넘어져도 다시 일어서는 용기를 가지려면 무엇보다 가정의 따스함이 필요합니다. 따뜻한 가정, 따뜻한 사회의 원점에는 가족과 조상과 전통문화를 소중히 여기는 유교사상이 있을 것입니다.

작년에 내가 한국을 방문했을 때 아주 인상적인 것이 있었습니다. 바로 한국은 종교를 소중히 여기는 나라라는 것입니다. 곳곳에 절이 있고, 교회가 있고, 성당도 보입니다. 불교나 기독교 정신으로 세워진 학교도 많고, 수업에서도 종교에 관한 가르침을 배운다고 들었습니다. 절에 가보니 수많은 신도들이 기도하는 모습도 아주 인상적이었습니다. 종교가 뿌리 깊이 박혀있는 한국의 모습을 보고 나는 감동을 받았습니다. 그리고 한국에 여러 종교가 공존하는 것은 종교가 저마다 전통을 아끼고 사람들 마음속에 있는 유교적인 생각을 소중히 하기 때문이라는 생각도 하게 되었습니다.

또한, 일상의 식사 중에서 한국은 전통적인 것이 많이 있지요. 예를 들어 가정이나 식당에서 김치를 담거나, 채소를 사용해서 나물을 무치거나 하는 전통적인 식사 모습을 보고 한국의 전통음식이 제대로 이어지고 있다는 생각이 들었습니다. 전통을 아끼는 한국인의 마음이 커다란 경제발전으로 이어지지 않았을까라는 생각이 듭니다.

그런데 요즘 사회는 자꾸 바빠지고 옛날식의 가치관이 흔들리고 있어요. 우리 생활 속에서 의식주는 많이 좋아졌지만, 오히려 마음의 외로움이나 고민은 커지기만 하는 듯합니다. 다른 사람들과의 소통 문제로 괴로워하는 사람도 많지요. 사회가 점점 편리해지고 그저 모르는 사람한테 물어보지 않아도 무엇이든 기계로 알아보면 된다고 생각하는 사람이 많이 생겼지요. 그런데 역시 사람은 가정에서나 사회에서나 타인과 얼키고설켜서 사는 존재라는 것은 변함없는 사실입니다.

나는 일본에서 18년 동안 청소년문제와 맞붙어 살아왔고 지금까지 900명에 달하는 아이들이 이곳 사이쿄인을 졸업해 나갔습니다. 지난번에 한국을 찾았을 때 많은 학생과 부모님, 그리고 청소년문제에 관심을 가진 선생님들과 대화를 했는데, 역시 부모와 자식간의 문제는 어느 나라든 마찬가지라는 것을 실감했습니다. 이 세상 어느 나라에서든 어떤 부모든 자식을 사랑하는 마음은 한가지입니다. 그런데 서로의 마음이 잘 통하지가 않아 엇갈리게 되면 아이들은 부모에게 반발하거나 문제를 일으키게 마련입니다.

그러나 어떤 문제를 일으킨 아이라 하더라도 부모나 주변 어른들이 그 아이와 피하지 말고 눈높이를 맞추어 바라보게 되면 비틀어진 아이의 마음은 다시 돌아오게 됩니다. 우리가 보다 더 상대방을 생각하는 마음을 가진다면 우리의 가정이나 사회는 꼭 따스함이 넘치게 될 것이라고 나는 믿고 있습니다.

2012년 9월 히로나카 구니미츠 廣中邦充

악동스님은 천사래요

초판1쇄 발행 2012년 9월 25일

지은이 히로나카 구니미츠
옮긴이 도다 이쿠코
펴낸이 유은규
디자인 정은탁
사 진 류은규, 도다 이쿠코, 주식회사 日本標準

펴낸곳 도서출판 토향
주 소 경기도 군포시 군포우체국 사서함3호 (우)435-600
출판등록 2007년 3월 28일 제123-91-82792호
전화번호 031-393-8660
홈페이지 www.tohyang.co.kr

인 쇄 쏠엠디에스(주)

ISBN 978-89-98135-00-3 03830

* 책값은 표지 뒤쪽에 있습니다.
* 파본은 구매하신 서점에서 교환해 드립니다.